JN040521

絵で見てパッと言う
英会話トレーニング

Nobu Yamada illustration: *Kajio*

海外旅行編

Gakken

読者のみなさんへ

　こんなに英語を勉強しているのに，どうして簡単な会話さえもできないのだろうか？ これまでの英語教育には，何が足りないのだろうか？

　ぼくは先生として，常にこのことを考えながら指導にあたってきました。そして，伸びる生徒さん，伸び悩んでしまう生徒さんを見る中でたどり着いた答えの一つが，「気持ち」です。

　英語は，文の語順や文型・熟語の使い方など，数学の公式のようなルールがたくさん出てきますね。そのため，「英語は数学みたいだ」と思われる方も多いようです。確かに，英語を話せるようになるにはたくさんの型を暗記する必要があり，難しいパズルのような公式（＝構文）も出てきます。

　でも，英語と数学が決定的に違うのは，英語は常に「自分の気持ち」が出発点だということです。湧き出る気持ちを相手に伝えるために，文法や単語を駆使するのです。また，伝えたい気持ちがあるから，どんどん新しい表現も身につくのです。

　日本のこれまでの英語教育で，使える英語がなかなか身につかなかったのは，英語をあまりにもドライに扱ってきたからかもしれません。与えられた問題を解くため，受験に合格するための英語であり，「自分の言いたいことを言う」「相手とつながる」ための英語ではなかったのではないでしょうか。

　もちろん，与えられた問題文を和訳したり英訳したりするのは，英語を正確に使いこなせるようになる上で大切なトレーニングです。だけど，それだけでは発話の回路は十分に育たないでしょう。英語を勉強する意味が「自分を伝える」「相手とつながる」ということだとしたら，自分の気持ち，自分の言いたいことを英語にしていくトレーニングも必要です。

　そこで今回みなさんにお届けするのが，『絵で見てパッと言う英会話トレーニング』です。本書の最大の特徴は，一人称視点のイラスト。自分でビデオカメラを持っているかのような視点のイラストを見て，言いたいことを言うトレーニングをします。会話の主役は，あくまでも自分。イラストの場面を頭の中で想像して，自分の中に湧き起こる気持ちに注目してください。その気持ちが，発話の出発点です。

　「ここは少し遠回しに表現したい…」「失礼なことを言ってはいけない…」「正直に，思っていることを言いたい」「感想を聞かれたけど，特に何もない…」実際に会話をしていると，こんな微妙な気持ちが生まれたりもしますね。そのようなものも含めて，英語で自分を伝えるトレーニングをしていきます。

　また本書では，ふきだしの中の日本文は，日本語として自然な文にこだわりました。例えば閉店時間を尋ねるときは，「何時までやってますか？」が自然な日本語ですね。だけど英語では，「あなた方は何時に閉店しますか？」と尋ねることが多いのです。日本文を一字一句直訳しようとするのではなく，「日本語としての自然さ」と「英語としての自然さ」のずれも楽しみながら取り組んでください。

　今回は「基礎編」と「旅行編」の2冊をご用意いたしました。あらゆる場面で，あらゆる気持ちを伝える練習ができるようになっています。「自分」の気持ち，そしてそれを伝える「相手」の気持ちを大切にして，トレーニングに励んでくださいね。「んー」とうなりながら解くのではなく，パッと伝える感覚を楽しみましょう。

　この本がきっかけで，言いたいことが言える楽しさ，英語で人とつながっていく喜びを，少しでも体感してもらえたなら，著者としてこの上なく幸せです。

Nobu Yamada

本書の使い方

　本書では，**自分でビデオカメラを持っているような「1人称視点」**で描かれたイラストを見ながら，ふきだしの内容を**自分のせりふのつもりでパッと言う**練習をしていきます。いわば，実際の英会話のシミュレーション（イメージトレーニング）です。

　具体的な場面が絵で与えられているので，無味乾燥な和文英訳練習と違って，**発話の必然性**と**使用実感**を味わいながら英会話の練習ができます。
　① 逐語的な「和文英訳」ではなく，できるだけ自分の力で文を組み立てること
　② 発話の必然性が感じられる内容を題材とすること
　③ 言語として「実際に使う」という実感をもって練習すること
　このメソッドの最大の特長である上の3点は，実践的な語学力を身につける上で非常に重要な要素となります。

　イラストを使ったこの新メソッドを，**FPS（first-person view speaking）トレーニング**と名づけました。この本で，英語をしっかりと自分のものにしてください。

〈学習のしかた〉

機内が寒すぎて体調が悪い。	●場面の説明です。

　　　　　　　　　　　　　　　　　●イラストは，読者のみなさんがビデオカメラを持っているような視点で描かれています。

すみません，
毛布をもう1枚もらえますか？

●相手に伝える内容です。これを英語で言う練習をします。
●解答例は次のページにあります。

CD について

本書の CD には，解答例の**英文のみ**が収録されています。会話の**相手からの問いかけに応じて発言するパターンの場合(場面説明に「～と言われた」のように書いてある場合)は，相手の発言が先に読まれます**。CD には日本文は収録されていません。

学習アドバイス

日本文を見つめながら考えこんでしまってはいけません。**「瞬発力」を意識して，とにかくパッと言えるようになるまで繰り返し練習をしてください**。そうすると，知らず知らずのうちに表現の基本パターンが自分のものになり，この本に収録されていない場面でも応用できるようになるはずです。

ふきだしの日本文について

本書のふきだし内の日本文は，あえて口語的で，主語などが不完全なものにしてあります。これは，本書の目標とするスキルが，「人工的に整えられた日本文を一字一句正確に英訳する」ことではないためです。本書が目指すのは，**「状況を読み取って，自分の力でその場面に応じた主語や動詞を選び，自然な英文を組み立てる」スキル**の育成です。「自然な日本語」と「自然な英語」との発想の違いや，「えっ!? こんなに簡単な言い方でいいんだ!」という発見を楽しんでください。

解答について

本書で示している解答は，あくまでも一例です。示したもの以外にもいろいろな言い方がありえます。

表現・表記について

アメリカとイギリスで表現・表記が異なる場合には，本書ではアメリカ英語を採用しています。解説なども原則としてアメリカ英語を前提に書かれています。

Contents

Scene 3
タクシー
Taking a Taxi

Scene 4
電車
Taking a Train

Scene 8
ホテル
Staying at a Hotel

Scene 9
カフェ・軽食
Going to a Cafe
or Fast-food Restaurant

Scene 10
レストラン
Going to a Restaurant

Scene 11
買い物
Shopping

Scene 12
観光案内所
At a Tourist Information Center

Scene 13
両替・郵便局
Exchanging Money, Sending Mail

Scene 14
美術館・博物館
Going to a Museum

Scene 15
観劇・観戦
Watching a Play,
Going to a Game

Scene 16
観光
Sightseeing

Scene 17
出会い・交流
Talking with Other Tourists

機内

On a Plane

 Track 01

飛行機の中で，客室乗務員さんにお願いを
するときなどに使うフレーズです。

answers on next page

❶
自分の席にすでに人が…。

❷
お飲み物はいかがですか？
と聞かれた。

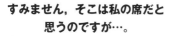
すみません，そこは私の席だと
思うのですが…。

氷を入れたオレンジジュースを
ください。

❶ Excuse me, I think you're sitting in my seat.

I think 〜. は「私は〜だと思うのですが」の意味で, 主張をやわらげたいときに使います。You're sitting in my seat. だけだと「私の席ですよ」のような強い言い方になるので注意しましょう。

❷ Can I have orange juice with ice?

相手：Would you like something to drink?
丁寧なつもりで Please give me 〜. と言う人がいますが, please をつけても命令文はぶしつけに聞こえる場合があります。Can I have 〜? という疑問文の形にしましょう。

機内の英語　　　　　　　　　　　　　Words & Phrases

□ 毛布	blanket	□ （トイレ）使用中	occupied
□ 機内食	in-flight meal	□ （トイレ）空き	vacant
□ 客室乗務員		□ 座席のテーブルを出す	
	flight[cabin] attendant		pull down the table
□ 飛行機酔い	airsickness	□ 座席のテーブルを戻す	
□ 到着時刻	arrival time		push back the table
□ 通路側の席	aisle seat	□ 座席を倒す	recline one's seat
□ 窓側の席	window seat	□ 座席を戻す	
			put one's seat back up

機内

3 乗務員さんに，ほかの客と席を
かわってもらえないかと言われた。

構いませんよ。

4 機内食はビーフかチキンを
選べるらしい。

チキンをください。

answers on next page

5 機内食の時間みたいだけど，
今は全然食欲がない。

**お食事，あとでいただくことって
できますか？**

6 食事が終わったので
かたづけてもらいたい。

これ，かたづけてもらえますか？

❸ No problem.

相手：Would you mind changing seats with
another passenger?

相手の依頼に応じるときは，冷たい印象を与えることなくいろいろな場面で使える No problem. や Sure. がおすすめです。

❹ Chicken, please.

相手：Beef or chicken?

シンプルに聞かれたときは，シンプルに答えて大丈夫です。please をつけるのは忘れないでください。I'd like chicken, please. と言えばより丁寧になります。

❺ Can I have my meal later?

「食事」は meal の代わりに food を使ってもいいでしょう。あとで食べたくなったら，Could you bring my meal? I didn't have one before. （さっき食べなかったので，食事を持ってきていただけますか？）のように言いましょう。

❻ Can you take this away?

「かたづける」は難しく考えず，「持って行く」という意味の動詞 take を使いましょう。away はあってもなくても大丈夫。Can you take my tray? （食器を持って行ってもらえますか）と言うこともできます。

❼

トイレに行きたくなった。
隣の人に声をかけよう。

すみません，
ちょっと通してもらえます？

❽

違う映画を見ている人がいる。
どこを押せば変わるのかな？

すみません，映画を変えるには
どうすればいいですか？

answers on next page

❾

ボリュームを上げても
全然聞こえない。

このヘッドホン，
壊れているみたいなんですけど。

❿

日本の新聞を読みたい。

日本の新聞はありますか？

❼ Excuse me, may I pass?

立ちながら Excuse me. と言うだけでも通じると思いますが，隣の人がテーブルを出しているときなどは，前もってこのように聞いてもいいでしょう。May I ~? は Can I ~? よりも丁寧な言い方です。

❽ Excuse me, how do I change the movie?

乗務員さんではなく隣の乗客に聞くのであれば，Do you know how I can change the movie? / Could you tell me how I can change the movie? のように控えめに尋ねるといいでしょう。

❾ My headset doesn't seem to work.

「~みたいです」のような自信のなさは，seem to ~で表すことができます。「(機械などが) 動く」という意味の動詞 work を使いましょう。「画面が映らない」なら My video doesn't seem to work. で OK。

❿ Do you have a Japanese newspaper?

お店などで「~はありますか？」と尋ねるときの定番フレーズ Do you have ~? を使いましょう。

⑪

機内が寒すぎて
体調が悪い。

> **すみません，
> 毛布をもう 1 枚もらえますか？**

⑫

乗務員さんが入国書類を
配っているみたいだけど…。

機内

> **すみません，それは
> 日本人にも必要ですか？**

answers on next page

Additional Exercises これも言ってみよう

❶ お飲み物はいかがですか？ と
聞かれたけど，今はいらないや。

> **私はいいです。**

❷ 機長アナウンスが聞き取れなかった。
隣席の人に教えてもらおう。

> **今なんて言ったのか，
> 教えていただけますか？**

❸ 念のため，後ろの席の人に
一声かけておこう。

> **席を倒しても構いませんか？**

❹ 到着が遅れるらしい。チケットを
見せて，乗務員に相談。

> **この接続便に
> 間に合いますかね？**

⓫ Excuse me, can I have another blanket?

「〜をもらえますか」と言うときの定番フレーズ Can I have 〜? を使いましょう。「もう1枚」は another を使います。

⓬ Excuse me, do Japanese people need that?

その後説明を受けて,「じゃあください」と言うなら May I have one, please?, 書類の記入方法がわからないなら, fill out（書き込む）を使って Can you tell me how to fill out this form? と続けましょう。

Additional Exercises これも言ってみよう

❶ I'm fine, thanks.

相手：Something to drink?

断るときも,必ずお礼をつけ足すのが,英会話の大切なポイントです。

❷ Could you tell me what he just said?

what he just said で「今,彼が言ったこと」という意味です。

❸ Do you mind if I recline my seat?

相手に対する気づかいを示したいときには,「気にしますか？」「構いませんか？」という意味の Do you mind 〜? が便利です。

❹ Do you think I can make this connecting flight?

Do you think 〜? と切り出すことで,「〜ですかね？」のようなやさしい口調になります。「〜に間に合う」は make,「接続便」は connecting flight。

空港

At an Airport

🎵 Track 02

海外の空港に到着したときや，海外の空港から出発するときに，航空会社のカウンターや税関などで使うフレーズです。

answers on next page

❶ チェックイン。座席は窓側がいいか通路側がいいか聞かれた。

通路側がいいです。

❷ 預ける荷物があるかどうか聞かれた。

1 個，預けます。

❶ I'd like an aisle seat.

相手：Window or aisle?

相手の質問は Would you like a window seat or an aisle seat? の意味ですが，このように簡潔に聞かれることもあります。

❷ I'd like to check one item.

相手：Any baggage to check?

「（荷物を）預ける」は check (in) と言います。預ける荷物がなければ I have no baggage to check. と言います。

空港の英語　　　　　　　　　　　　Words & Phrases

□ 出国・搭乗　**embarkation**	□ 搭乗口　**boarding gate**
□ 入国・降機　**disembarkation**	□ （金属）探知機　**(metal) detector**
□ 出入国管理　**immigration**	□ 金属製のもの　**metal items**
□ 税関　**customs**	□ 液体のもの　**liquids**
□ 保安検査（場）　**security check**	□ 目的地　**destination**
□ 機内持ち込み手荷物	□ （運行が）定刻通り　**on time**
carry-on baggage [luggage]	□ 遅延（する）　**delay**
□ 預け入れ（受託）手荷物	□ 手荷物受取所　**baggage claim**
checked baggage [luggage]	□ 手荷物引き換え札　**claim tag**
□ 搭乗券　**boarding pass**	

24

❸

微妙な大きさだけど,
大丈夫かな？

これは機内に持ち込めますか？

❹

預け入れ荷物の重量が
オーバーしていると言われた。

持ち込む手荷物に
少し移します。

空港

answers on next page

❺

マイレージをためるのも
忘れちゃいけない。

マイレージつけてもらえます？

❻

まさかの遅刻！
予定の便に乗り遅れた。

別の便に振り替えていただく
ことってできますか？

❸ Can I carry this onto the plane?

Can I ～? の形で尋ねましょう。「持ち込む」は動詞 carry または bring を使えば大丈夫。

❹ I'll switch some to my carry-on luggage.

相手：Your luggage is overweight.
重量が超過してしまうと追加料金を取られたり，受け付けてくれなかったりします。持ち込み手荷物（carry-on luggage）に少し切り替える（switch）ことで解決できる場合があります。

❺ Can you add on the mileage points?

定番フレーズ Can you ～? を使って，「～を加算する」という意味の add (on) を続ければ OK。「マイレージ」は mileage points といいます。

❻ Could you put me on another flight?

まずは I missed my flight.（予約していた便に乗り遅れました）と伝えて，係員に相談しましょう。Could you ～? は Can you ～? よりも控えめで丁寧なお願いのしかたです。

7

帰りの便のリコンファームを
先にしておこう。

リコンファームしたいんですが。

8

この空港で乗り継ぐんだけど，
ここ出ちゃっていいのかな？

乗り継ぎなんですけど，
どっちに行けばいいですか？

空港

answers on next page

9

入国審査で，
入国目的を聞かれた。

観光です。

10

滞在日数を聞かれた。

1 週間です。

❼ I'd like to reconfirm my flight.

相手：Hi. May I help you?
このように言って，自分の名前と flight number（便名）を伝えれば OK。電話の場合も同じです。When are you leaving?（出発日は？）や Your destination?（目的地は？）のように聞かれることもあります。

❽ Where should I go to make a transit?

乗り継ぎ先の目的地を聞かれたら，I'm going to 〜.（〜へ行きます）の形で答えましょう。「国内線」は domestic，「国際線」は international。

❾ Sightseeing.

相手：What's the purpose of your visit?
商用なら Business.，留学なら To study. と答えます。What brought you here?（どうしてこの国に来たのですか）や What for? のように聞かれることもあるかもしれないので，注意してください。

❿ One week.

相手：How long are you going to stay?
滞在期間だけでなく，滞在先の正確なホテル名や住所まで聞かれることもあります。事前にメモしておきましょう。

空港

⓫ 先に入国審査を通過した
友達との関係を聞かれた。

友達どうしです。

⓬ 税関で，申告するものがないか
聞かれた。

申告するものはありません。

answers on next page

⓭ 相手の言っていることが
さっぱりわからない！

**日本語の話せる人は
いませんか？**

⓮ 手荷物受取所で，自分のスーツ
ケースが出てこなかった。

**私の荷物が
見当たらないんですけど…。**

⑪ She's my friend.

相手：What's your relationship with her?
場合によっては，同伴者について聞かれることも。予想していなかった質問に思わずドキっとしてしまうかもしれませんが，She's my friend., He's my brother. などと落ち着いて答えましょう。

⑫ No, I have nothing to declare.

相手：Anything to declare?
declare は「申告する，宣言する」という意味です。簡単に No. とだけ答えても大丈夫。

⑬ Is there somebody who can speak Japanese?

入国審査や税関では，うかつな発言をすると，別室で詳細な質問を受けるなど思わぬトラブルを招いてしまうことも。自分の英語力と相談して，このように依頼するのも選択肢のひとつです。

⑭ I can't find my luggage.

係員がすでに荷物を下ろして，近くにまとめて置いている場合もあるので，ベルトコンベアーのまわりも確認してみましょう。

⓯
間違えて自分の荷物を持って
行きそうになっている人が！

すみません，それ，
私のじゃないかしら！

⓰
荷物が多く，一度で運べない。
荷物用の台車はどこかな？

空港

台車ってどこにあるんですか？

answers on next page

⓱
帰国便の出発が遅れるという
アナウンス。乗り継ぎがあるのに！

成田への乗り継ぎに
間に合わないんですが…。

⓲
予定便が欠航に。明日の便に
振り替えてくれると言うが…。

今夜の宿は，そちらで手配して
いただけるんでしょうか？

31

⓯ Excuse me, I think that's mine!

That's mine! だけでは，「ちょっと，それは私のよ！」のように攻撃的なニュアンスになりかねません。冒頭に I think 〜．（〜だと思います）をつけて語調をやわらげるとスマートです。

⓰ Where are the carts?

Where is/are 〜? は，「〜はどこですか？」と尋ねるときの基本表現です。より丁寧に尋ねるなら，Do you know where 〜? や Could you tell me where 〜? としましょう。

⓱ I'm going to miss my connection to Narita.

このように，「〜しそうだ」という予想を伝えるときは，be going to を使うのがポイント。「間に合わない」は「〜を逃す」と考えて動詞 miss を使えば OK。

⓲ Will you be arranging accommodation for tonight?

Will you arrange 〜? だと直接的な依頼に聞こえるので，控えめに尋ねるニュアンスの未来進行形 Will you be 〜ing? を使ってこのように交渉してみましょう。「宿」は hotel と言っても大丈夫です。

タクシー

Taking a Taxi

🎧 **Track 03**

タクシーの運転手さんとの，行き先や料金
などについてのやりとりです。

answers on next page

❶ とりあえずタクシーに
乗りたいんだけど…。

❷ まずは運転手さんに
行き先を伝えよう。

> **タクシー乗り場って，
> どちらでしょうか？**

> **ここに行きたいんですが。**

33

❶ Could you tell me where the taxi stand is?

「タクシー乗り場」は taxi stand と言います。バス停なら bus stop です。長距離バスの発着場など大きめのものは bus stop ではなく bus terminal と言います。

❷ I'd like to go here.

相手：Where to?

「どちらまで？」は Where to? と言います。I'd like to go to ～. は丁寧な言い方で，簡単に ABC Hotel, please. や To this address, please. だけでも OK です。

タクシーの英語　　　　　　　　　　Words & Phrases

□ タクシー乗り場	**taxi stand**	□ 初乗り料金	**base [initial] fare**
□（車を）止める	**stop, pull over**	□ 定額料金	**flat rate**
□ 回送（表示）	**off duty**	□ 料金メーター	**meter**
□ シートベルトを締める		□ トランク	**trunk**
fasten one's seat belt, buckle up		□ 交通渋滞	**traffic jam**
□ 右折する	**turn [make a] right**	□ 信号	**traffic light**
□ 左折する	**turn [make a] left**	□ 交差点	**intersection**
□ 運賃	**fare**		

③
運賃がどのくらいか，
乗る前に聞いてみよう。

> センチュリー・ホテルまでは
> いくらくらいで行けます？

④
トランクに荷物を入れたい。

> トランク開けてもらえますか？

タクシー

answers on next page

⑤
荷物をトランクに入れるのを
手伝ってもらおう。

> ちょっと手を貸していただいても
> いいですか？

⑥
日本語で「こんにちは」と
話しかけられた。

> 日本語上手ですね。
> どこで覚えたんですか？

❸ How much is it to the Century Hotel?

運賃を交渉して乗る習慣がある国や地域では，Can you take me to ～ for 300 baht? (～まで 300 バーツで行ってもらえますか) のように言えば OK。

❹ Can you open the trunk?

自動車の用語は，steering wheel (ハンドル)，windshield (フロントガラス) のように，日本語のカタカナ語と違うものが多いですが，「トランク」はそのまま trunk で OK です。

❺ Could you give me a hand, please?

「手を貸す」は，英語でも似た発想で，give a hand と表現します。荷物を指して Could you help me with this, please? と言ってもいいでしょう。

❻ Your Japanese is good. Where did you learn it?

相手：Hi. Konnichiwa, yokoso!
How do you say "Thank you" in Japanese? などと聞かれたら，It's "Arigato." (「ありがとう」だよ) のように教えてあげましょう。

❼

ここにはよく来るの？
と聞かれた

いえ，初めて来たんです。

❽

このへんを観光するなら，いい所が
いっぱいあるよ，と言われた。

タクシー

**おすすめスポットとか，
ありますか？**

answers on next page

❾

運転手さんなら，おいしいお店を
知っていそうだ。

**おいしい地元料理が
食べられるお店はどこですか？**

❿

目的地に到着！

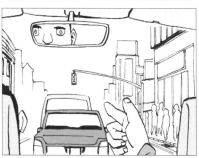

**あの信号の手前で
止めてもらえます？**

37

❼ No, this is my first time.

相手：Do you come here often?
I'm very excited.（すごくワクワクしてるんです）などと続けましょう。「仕事で一度来たことがあります」なら，I've been here once on business. と言います。

❽ What places do you recommend?

相手：There're lots of nice places to visit.
「おすすめスポットは？」は，「どの場所をすすめますか」という風に言い換えて表現すると伝わります。「すすめる」は recommend。

❾ Where can I have good local food?

「おいしい地元料理」は good local food で表します。

❿ Can you pull over in front of that traffic light?

「止める」は stop または pull over（pull up）を使います。「ここで止めてください」の場合は，Can you pull over here, please? のように伝えます。

⓫ 運賃 30 ドル。チップ込みで 35 ドル
　払いたいけど，細かいのがない。

⓬ 念のため，領収書を
　もらっておこう。

タクシー

> おつり，5 ドルだけください。

> 領収書ください。

answers on next page

Additional Exercises これも言ってみよう

❶ タクシーをつかまえたいけど，
　どこで乗れるんだろう？

> タクシーはどこで拾えますか？

❷ ホテルの人に
　タクシーを呼んでもらおう。

> タクシーを呼んでもらえますか？

❸ 目的地の目の前で，
　信号待ちにはまってしまった。

> ここでいいです。

❹ タクシーがやけに遠くまで
　走っているような…。

> 今，どのへんを
> 走ってるんですか？

⓫ Give me five dollars back, please.

相手：That'll be 30 dollars.
おつりを全額チップにするときは Keep the change.（おつりはとっておいて）と言えばいいのですが，Give me ～ back. を使えば，おつりの一部だけをチップにすることができます。

⓬ Can I have a receipt?

忘れ物をしたときなどのために，乗ったタクシーの番号が書かれているレシートをもらっておきましょう。

Additional Exercises これも言ってみよう

❶ Where can I catch a taxi?

「タクシーに乗る」は take a taxi と言いますが，take のかわりに catch を使うと，「（流しのタクシーを）拾う，つかまえる」というニュアンスになります。

❷ Can you call a taxi for me, please?

「タクシーを呼ぶ」は call a taxi で表します。

❸ Here's fine.

「ここでいいです」という日本語と同じ発想で問題ありません。I'll get off here, please.（ここで降ります）という言い方もあります。

❹ Where are we right now?

「走る」という動詞を使う必要はありません。「私たちは今，どこにいますか」と考えましょう。

電車

Taking a Train

🎧 Track 04

駅の切符売り場での会話や，電車・地下鉄
の車内でのやりとりです。

電車

answers on next page

❶ 切符売り場で。
お得な切符はないのかな？

❷ 有人窓口で切符を買おう。

1日乗り放題の券って
あるんですか？

ボストンまで往復で
大人2枚ください。

❶ Do you have one-day unlimited-ride tickets?

係員や店員などに「〜はありますか」と尋ねるときは，Do you have 〜? が便利。必ずマスターしたいフレーズのひとつです。「1日券」は one-day [single-day] ticket，「乗り放題の」は unlimited-ride。

❷ Can I have two round-trip adult tickets to Boston?

「往復の」は round-trip，「片道の」の場合は one-way と言います。なお，簡単に Two round-trip adults to Boston, please. と言うだけでも OK です。

駅・電車・地下鉄の英語　　　Words & Phrases

□ 片道(の)	one-way	□ 各駅停車	local
□ 往復(の)	round-trip	□ 急行	express
□ ホーム	platform, track	□ 終電	last train
□ 1番線・1番ホーム	track 1	□ 乗り換え	transfer
□ 改札口	gate	□ 払い戻し	refund
□ 改札機	turnstile, ticket barrier	□ 地下鉄の路線図	subway map
□ 券売機	ticket machine	□ 〜行きの	bound for 〜
□ 時刻表	timetable	□ 〜経由	via 〜

❸

駅で路線図を見ても，
複雑でわかりにくい…。

> **Queens Station には
> どう行けばいいですか？**

❹

この電車で合ってるのかな…。

> **これ，14th Street には
> 止まりますか？**

電車

answers on next page

❺

乗り換えなきゃいけないのは
知ってるんだけど。

> **どこで乗り換えればいいですか？**

❻

重い荷物を持った人に
席をゆずろう。

> **ここ，どうぞ。**

❸ Could you tell me how to get to Queens Station?

見慣れない海外の路線図は, 見てもよくわからない場合が少なくありません。行き方や道順を丁寧に尋ねる定番フレーズ Could you tell me how to get to ~? を使いましょう。

❹ Does this stop at 14th Street?

行きたい駅に止まるかどうかが不安であれば, this（これ＝この電車）を主語にしてこのように聞けば大丈夫です。行き先を聞きたい場合は, Does this train go to Queens?（この電車はクイーンズに行きますか？）のように聞きましょう。

❺ Where should I transfer?

I'd like to go to ○○ Station.（○○駅に行きたいんですが）などと伝えたあとに, このように言いましょう。「乗り換える」は transfer。乗り換える必要があるかどうかを聞くときは Do I need to transfer? でいいでしょう。

❻ Please sit here.

海外だからとためらわずに, 席をゆずりたいと思ったら, すすんでこのように伝えましょう。I'm fine, thank you. と言われたら,「（座らなくて）大丈夫です」の意味です。

❼

階段にベビーカーを持った
女性が…。

手伝いましょうか？

電車

answers on next page

Additional Exercises これも言ってみよう

❶ 3日間有効の切符。窓口でスタンプを
もらって今日から使おう。

**この切符，今日から
使いたいのですが。**

❷ 地下鉄路線図があれば便利だな。
窓口で聞いてみよう。

路線図をもらえませんか？

❸ 切符を買ったら，ついでに
窓口の人に聞いておこう。

何番線ですか？

❹ 降車しようとしたら出口に人が。

すみません，降ります。

❼ Would you like help with that?

とっさに助けを申し出ることができたら、すてきですね！この help は名詞ですが、動詞の help を使って Can I help you?（お手伝いしましょうか）と言っても大丈夫です。

Additional Exercises これも言ってみよう

❶ I'd like to use this ticket starting today.

国や地域によっては、このように言って切符を validate（有効化）しなければならない場合もあります。

❷ Can I have a subway map?

定番の Can I have ～? を使いましょう。「地下鉄の路線図」は subway map。

❸ What track is it?

「1 番線」「2 番線」などと言うときの「～番線」は、platform よりも track という単語のほうが一般的です。

❹ Excuse me. I'm getting off.

Excuse me. だけでも通じるはずですが、「降ります」と言うときは、現在進行形を使って「今、降りようとしています」のように伝えましょう。

バス

Taking a Bus

 Track 05

バスは便利ですが，旅行者にとっては電車より利用が難しい交通機関でもあります。バスに乗るときに知っておくと便利な表現を身につけましょう。

answers on next page

バス

1

駅前のバスターミナルにはバスがいっぱい。

42nd Street に行きたいんですが，どのバスに乗ればいいですか？

2

バスの運転手さんに，行き先が正しいか尋ねよう。

42nd Street には行きますか？

❶ Do you know which bus goes to 42nd Street?

通行人などに尋ねる場合は，いきなり which や where など疑問詞で質問するのではなく，Do you know 〜? や Could you tell me 〜? と切り出しましょう。間接的で丁寧な響きになります。

❷ Does this bus go to 42nd Street?

this bus（このバス）を主語にしてこのようにシンプルに尋ねれば OK。間違っている場合は，No, you need to get on 〜.（〜に乗ってください）などと正しい路線を教えてくれます。

バスの英語　　　　　　　　　　　Words & Phrases

□ 停留所	（bus）stop	□ 乗換券	transfer ticket
□ バス路線図	bus（route）map	□ 乗り放題	unlimited ride
□ 運賃	fare	□（車内表示）次，止まります	
□ 運賃箱	fare box		Stop Requested
□ 一律料金	flat rate	□（車内表示）釣り銭なきように願	
□ 後部ドア	back[rear] door	います	Exact Fare

❸ 地下鉄の1日券，バスも共通で
使えるって聞いたんだけど…。

このカードで乗れますか？

❹ 放送や表示がないから，どこを走って
いるのかわからなくなった。

**今どの辺を走ってるのか
教えてもらえますか？**

answers on next page

バス

❺ 隣の人にお願いして，
着いたら教えてもらおう。

**42nd Street に着いたら
教えてもらえませんか？**

❻ 次で降りるのに，降車ボタンに
手が届かない！

ボタンを押してくれませんか？

49

❸ Can I use this card?

Can I get on with this card[ticket]? でも OK。
Can I ～? は，「～してもいいですか」と許可を求める以外に，「(私は)～できますか」と確認するときにも使えます。

❹ Could you tell me where we are right now?

「今どこを走っているのか」は，「私たちは今どこにいるのか」と考えましょう。文中で疑問詞を使う場合は，where we are ～ のように，疑問詞のあとは〈主語＋動詞〉の語順にします。

❺ Could you tell me when we get to 42nd Street?

運転手さんに直接，Could you drop me off at 42nd Street?（42nd Street で降ろしていただけますか？）と頼んでおくこともできます。

❻ Could you press the button for me, please?

丁寧な依頼を表す Could you ～? のあとに，「ボタンを押す」を意味する press the button を続けるだけで OK です。ボタンを押すかわりに，ひも／コードを引く（pull the string/cord）タイプのバスもあります。

Additional Exercises これも言ってみよう

❶ バスターミナルの係員に
運賃を確認しよう。

> **42nd Street までは
> いくらかかりますか？**

❷ 運賃を払おうと思ったら
小銭がない。どうしよう。

> **これ，くずしていただけますか？**

❸ 降りるバス停がよくわからない。

> **City Hall に行くには
> どこで降りればいいですか？**

❹ 降りるバス停に着いたのに，
後ろの降車口が開かない。

> **後ろのドア，開けてください。**

バス

Additional Exercises これも言ってみよう

❶ How much is it to 42nd Street?

目的地までの金額は How much is it to ～? で尋ねます。所要時間を尋ねたいときは，How long does it take to ～? とします。

❷ Could you break this?

「(お金を)くずす」という意味で，動詞 break を使うことができます。

❸ Where do I get off for City Hall?

バス・電車を「降りる」は get off を使います。ちなみに，乗用車やタクシーを「降りる」は get off ではなく get out（of ～）を使うので注意してください。

❹ Back door, please.

運転手さんが後部ドアを開け忘れているときは，このようにお願いしましょう。

道を尋ねる
Asking Directions

 Track 06

ホテルのフロントや案内所などで行き方を
尋ねたり，街の中で通りすがりの人に道を
尋ねたりするときの言い方です。

answers on next page

道を尋ねる

❶
ホテルの人に，
行き方を聞いておこう。

> **歴史博物館への行き方を
> 教えてもらえませんか？**

❷
インターネットで
旅の情報収集をしたい。

> **このへんにインターネット
> カフェってありますか？**

❶ Could you tell me how to get to the History Museum?

Could you tell me how to get to ～? はこのまま覚えたいフレーズ。how to get to ～で「～への行き方」という意味です。

❷ Is there an Internet cafe around here?

場所や施設などがあるかどうかを尋ねるときは Is there ～?。Is there a good Japanese restaurant near here? なら「この近くに，よい日本料理店はありますか」の意味です。

道案内の英語　　　　　　　　　　　　Words & Phrases

☐ 直進する　　**go straight (ahead)**
☐ 通りに沿って進む
　　go along [up / down] the street
☐ そのまま進む　　**keep going**
☐ 右折する　　**turn [make a] right**
☐ 左折する　　**turn [make a] left**
☐ 右手 / 左手に　**on your right / left**
☐ こっちの方向に　**this way**
☐ 交差点　　　**intersection**

☐ 信号　　　　　　**traffic light**
☐ 目印になる建物　**landmark**
☐ 通りを渡る　**cross the street**
☐ 通りの突き当たり
　　　　　the end of the street
☐ ～の隣に　　　**next to ～**
☐ ～の前に　　**in front of ～**
☐ ～の向かいに　**across from ～**
☐ ～の角に　　**at the corner of ～**

❸

路面電車が走っているので
乗ってみたいけど…。

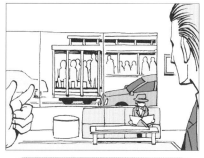

**Old Town には
路面電車で行けますか？**

❹

駅まで歩いて行けるのかな。

**Baker Station はここから
遠いですか？**

answers on next page

❺

何分くらいで行けるのか
聞いておこう。

どのくらいかかりますか？

❻

方向がわからなく
なってしまった。

**3rd Avenue はどちらの方向
でしょうか？**

道を尋ねる

❸ Can I take the trolley to the Old Town?

take the ～ to …で「～に乗って…に行く」という意味です。Can I go to the Old Town by trolley? でも OK。「路面電車」は streetcar とも言います。

❹ Is Baker Station far from here?

「遠く離れた」という意味の形容詞 far を使いましょう。「ここから近いですか」なら Is ～ near here? です。より具体的に「歩ける距離ですか」と尋ねるときは，Can I walk there? と聞きます。

❺ How long does it take to get there?

時間の長さを尋ねるときは，How long で文を始めます。時間を表す主語の it と，「（時間が）かかる」を意味する動詞 take を使うのがポイントです。

❻ Do you know which way 3rd Avenue is?

「どちらの方向」と尋ねるときは which way を使います。「あっちです」と答えるなら That way. となります。

❼

この道で合っているのか
不安になってきた。

歴史博物館に行きたいんですが，
この道で合ってますか？

❽

目的地の近くまで来ている
はずなんだけど…。

このレストラン，どこにあるか
ご存じですか？

answers on next page

❾

地図で見る限りはここで
いいと思うんだけど…。

今いる場所って，
ここで合っていますか？

❿

道を尋ねたら，わからないと
言われた。でもとにかくお礼を。

それでもありがとう。

道を尋ねる

57

❼ Is this the right way to the History Museum?

「正しい」という意味の形容詞 right を使います。
the right way to ～で「～への正しい道」。

❽ Do you know where this restaurant is?

Do you know ～? の形で質問を切り出し，疑問詞
のあとは〈主語＋動詞〉の語順にします。

❾ Are we here?

「私たちはここですか」というシンプルな文で OK。
「ここはどこですか？」と聞きたいなら Where are
we right now? としましょう。

❿ Well, thanks anyway.

相手：Sorry, I'm not sure.
「手伝おうとしてくれてありがとう」というニュアン
ス。役に立つことができなくて申し訳なく思う相手
に対して「大丈夫です！」という感じで使います。

Additional Exercises これも言ってみよう

❶ とりあえず地下鉄に乗りたい。
最寄り駅って，何駅なんだろう。

**ここからいちばん近い
地下鉄の駅って何駅ですか？**

❷ 駅はこのへんだと思うんだけど…。

**Baker Station は
この近くですか？**

❸ 目的地は思ったより
遠いみたいだけど…。

歩ける距離ですか？

❹ 何で行くのがいちばん
いいんだろう…。

**そこへ行くには，電車とバスの
どちらが便利でしょうか？**

❺ 旅行者らしき人に
道を聞かれたけど…。

**すみません，このへんの者では
ないんです。**

道を尋ねる

Additional Exercises これも言ってみよう

❶ What's the nearest subway station from here?

What's ～? は，駅の名前を知りたいときの尋ね方です。場所を尋ねるときには，
このあとに Could you tell me how to get there? のように続けましょう。

❷ Is Baker Station near here?

「～はここから近いですか」は Is ～ near here? で表します。

❸ Can I walk there?

Is it within walking distance? という言い方もありますが，このようにシンプ
ルに尋ねることもできます。there は副詞で「そこへ」の意味なので，前に to
はつけません。

❹ Which would be easier to get there, the train or the bus?

Which is easier ～? でももちろん OK ですが，is のかわりに would be を使う
ことで，「～でしょうか？」といった控えめな感じが出せます。

❺ Sorry, I'm not from around here.

I'm a stranger around here. という言い方もあります。

レンタカー

Renting a Car

CD Track 07

レンタカーを借りるときの表現です。

answers on next page

❶

レンタカーを借りよう。

❷

万が一の事故が不安。保険に
ついてしっかり確認しておこう。

**コンパクトカーを
予約した者ですが。**

保険はついてますか？

レンタカー

❶ I have a compact car reserved.

予約がなく，飛び込みで借りたいときは I'd like to rent a compact car. のように伝えましょう。「借りる」を表す動詞は，使用料を伴う場合には rent を使い，無料で借りる場合には borrow を使います。

❷ Does it come with insurance?

「～がついてくる」「～つきで売られている」という意味の熟語 come with ～ を使うとスマートです。「(車両保険等も含めた)フルカバーの保険」なら full coverage insurance といいます。

自動車の英語　　　　　　　　　Words & Phrases

□ 返却する	**return**	□ アクセル	**gas pedal**
□ 乗り捨てる	**drop off**	□ フロントガラス	**windshield**
□ フルカバーの保険		□ 助手席	**passenger seat**
	full coverage insurance	□ バックミラー	**rearview mirror**
□ 任意保険		□ ナンバープレート	**license plate**
	optional [voluntary] insurance	□ クラクション	**horn**
□ 走行距離無制限		□ ガソリンスタンド	**gas station**
	unlimited mileage	□ 満タンにする	
□ ハンドル	**(steering) wheel**		**fill up the tank, fill it up**

❸ 契約者本人だけでなく，同乗者も
運転することを伝えよう。

**彼女も運転するんですが，
彼女の免許証も必要ですか？**

❹ 借りた所とは別の
営業所に返却したい。

**空港に乗り捨て
することは可能ですか？**

answers on next page

❺ 返却のときにガソリンを
入れるのが面倒だ。

**満タンにしないで返すとしたら，
いくらくらいかかりますか？**

❻ フルサービスのスタンドで
ガソリンを入れてもらおう。

満タンにしてください。

レンタカー

❸ She will be driving too. Do you also need her license?

このように 2 文に分けて使うと簡単です。ここでは「(いずれ，一時的に) 運転することになる」という意味合いの will be driving を使っていますが，She is driving too. と言っても問題ありません。

❹ Can I drop off this car at the airport?

「乗り捨てる」という意味の drop off を使います。

❺ How much would it cost if I returned the car without filling up the tank?

「もし〜だといくらかかりますか」は，How much would it cost if 〜? で表します。「満タンにする」は fill up the tank。返却時に給油が不要な fuel option (燃料代オプション) を購入できる場合もあります。

❻ Fill it up, please.

相手：Hi. How can I help you?
fill it up の it は燃料タンクを表しています。

❼
セルフ給油機の支払いがうまく
できない。係員に聞こう。

> 私のカードでは支払いが
> できないみたいなんですが…。

- >
answers on next page

Additional Exercises これも言ってみよう

❶ これから借りる車の装備を
聞いておこう。

> ナビはついていますか？

❷ 返却時間に間に合わないときは
電話しないとダメかな？

> 返却が遅れそうなときは
> どうすればいいですか？

❸ ネットで予約したら，
実際の車は意外に大きかった。

> これより小さい車に
> 変えてもらうことってできますか？

レンタカー

65

❼ I can't seem to pay with my credit card.

「〜みたいです」という自信のなさは seem to 〜 で表すことができます。

Additional Exercises これも言ってみよう

❶ Does it have a navigation system?

「カーナビ」は（car）navigation system と言います。「カーナビつきの車はありますか」なら Do you have a car with a navigation system?。

❷ What should I do if I can't return it in time?

「時間までに返せなかったら」と考えましょう。「時間までに」は in time で表します。

❸ Is it possible to change this for a smaller car?

Is it possible to 〜? は「〜するのは可能なのでしょうか」と尋ねるときの言い方です。「A を B に交換する」という意味の change A for B を使いましょう。Could you change this for a smaller car? と言うこともできます。

ホテル

Staying at a Hotel

CD Track 08

予約・チェックイン・チェックアウト・各種サービスの依頼など，ホテルの従業員の人たちとのやりとりです。

answers on next page

1 宿を探さなきゃ。ホテルに電話して，空室があるか聞いてみよう。

2 朝食の有無も確認。

今日なんですが，ツイン1部屋，空いてますか？

朝食はついてますか？

ホテル

❶ Do you have a twin room available for tonight?

1 泊なら for one night，2 泊なら for two nights の
ように言えば OK。値段を聞くときは，How much
is the lowest-priced single room?（いちばん安
いシングルルームはいくらですか）のように言えば
OK。

❷ Is breakfast included?

include は「〜を含む」という意味の動詞。受動態
be included にすると「含まれている」の意味。「税
込みですか」なら Is tax included? となります。
come with 〜（〜がついてくる）を使って Does it
come with breakfast? と言うこともできます。

ホテルの英語　　　　　　　　　　　Words & Phrases

☐ シングル　　　**single room**

☐ ダブル　　　　**double room**

☐ ツイン　　　　**twin room**

☐ 予約　　　　　**reservation**

☐ （部屋・施設などが）利用できる

　　　　　　　　available

☐ 宿泊客　　　　**guest**

☐ ベルホップ（ベルボーイ）

　　　　　　　　bellhop, bellboy

☐ コンシェルジュ　**concierge**

☐ 駐車係　　　　**valet**

☐ 貴重品　　　　**valuables**

☐ 宿泊カードに記入する

　　　　　　　　fill out the registration form

❸

ダメもとで，いい部屋を
指定してみる！

海が見える部屋は空いてますか？

❹

悪天候で飛行機が大幅な遅れ。
ホテルに電話を入れておこう。

**今夜予約していた者ですが，
到着が遅くなりそうなんですが…。**

answers on next page

❺

空港に到着。専用電話でホテル
までのシャトルバスを呼ぼう。

迎えに来てもらえますか？

❻

ホテルに到着。ドアマンが
「こんばんは」とドアを開けてくれた。

こんばんは。ありがとう。

ホテル

❸ Do you have a room with an ocean view?

「オーシャンビューつきの部屋」と考えましょう。レストランを予約するときなどにも，I'd like a table with an ocean view. のように応用できます。

❹ I have a reservation for tonight, but I'm afraid I'll be arriving late.

「飛行機が遅れてしまって」なら My flight was delayed. のように言います。このあと，I think I can be there by around 10.（10時ごろまでには着けると思います）のように伝えましょう。

❺ Can I get a pickup, please?

「車で迎えに行く」という意味の動詞句 pick up は，このように1語の名詞としても使われます。

❻ Good evening.　Thank you.

相手：Good evening, sir.
無言でおじぎをして通るのではなく，ドアを開けてくれたお礼を言いましょう。How many items? と聞かれたら「手荷物は何個ありますか」という意味なので，Three, please. などと答えます。

7

フロントでチェックインしよう。

**こんにちは。予約していた
山田ですが。**

8

予約が入っていないと言われた！
控えを見せて調べてもらおう。

**おかしいですね。
これが控えなんですけど…。**

answers on next page

9

早く着きすぎた！ まだ部屋には
入れないらしい。

**3時まで荷物を預かって
もらえませんか？**

10

持ってきたパソコンを使いたい。

**部屋でインターネットは
できますか？**

ホテル

❼ Hi. I have a reservation. My name is Yamada.

「予約をしています。名前は山田です」のように2文で言うと簡単。

❽ That's strange. Here's my booking confirmation.

相手：There's no reservation under your name.
That's strange. は，予想外のことに「おかしいな…」と驚くときの決まり文句です。

❾ Could you keep my luggage until three?

相手：Your room isn't ready yet.
「預かる」は動詞 keep を使いましょう。

❿ Is there an Internet connection in the room?

相手：Good evening, ma'am.
存在を尋ねるときの Is there ～? を使って，「部屋にはインターネット接続がありますか」と尋ねましょう。Does the room have an Internet connection? とも言います。

⑪
部屋で無線 LAN を
使えるらしいけど…。

それって無料ですか？

⑫
明日の朝食についても
確認しておこう。

朝食は何時から何時までですか？

answers on next page

⑬
部屋まで荷物を運んでくれたベル
ホップさんにチップを渡しながら。

助かりました。

⑭
エアコンが壊れているみたい。
フロントに電話しよう。

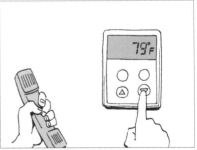

**エアコンが動かないみたいなので
ちょっと見てもらえますか？**

ホテル

⓫ Is it free of charge?

相手：The room has a wireless Internet connection.
「無料」は free of charge と言えば誤解がありません。いろいろなサービスをすすめられたら，このように聞いて確認しましょう。

⓬ What time is breakfast served?

serve は「（食事を）出す，給仕する」という意味です。「朝食はどこで食べるんですか」なら Where is breakfast served? とすれば OK。何時までなのかを特に確認したいときは What time is breakfast served until? と言います。

⓭ Thank you for your help.

相手：Have a pleasant stay, ma'am.
「助かりました」は「手伝ってくれてありがとう」と表現するのが一般的。チップを手渡すときには，このように一言添えるとスマートです。

⓮ The air conditioner doesn't seem to work. Can you take a look, please?

「（機械などが）動く」という意味の動詞 work を使いましょう。doesn't seem to work とすることで，「動かないみたいなんですが」という控えめな感じになります。

⑮
シャワーを浴びようと思ったら，
水しか出ない。

お湯が出ないんですけど…。

⑯
貴重品をフロントに
預かってもらおう。

ここで貴重品を預かってもらう
ことってできますか？

answers on next page

⑰
フロントにカギを預けて，
食べ物を買いに出よう。

ちょっと買い物に出てきます。

⑱
夜中におなかがすいた。

このへんに24時間営業の
食品店はありますか？

ホテル

⑮ Hot water won't come out.

「お湯」は hot water,「出る」は come out で
OK。簡単だけど，なかなか出てこないフレーズ。
won't は「(なかなか)～してくれない」のように思
い通りにいかない様子を表します。「カギが開かな
い」なら The lock won't open. と言います。

⑯ Can I check my valuables here?

あとで貴重品を受け出すときには I'd like my
valuables back.（貴重品の返却をお願いします）
と言いましょう。

⑰ I'm just going out to get something.

カードキーではない古いタイプのカギの場合。「カギ
は預けるんですか」なら Do you need my key?。
外出から帰ってきたら，Hi, 1105, please.（1105
号室のカギをお願いします。）のように言えば OK で
す。

⑱ Is there a 24-hour food store near here?

定番フレーズの Is there ～? で尋ねましょう。「24
時間営業の」は 24-hour といいます。

⑲

デジカメの電池を充電したいのに，
コンセントの形が違った！

**コンセントのアダプターって
お借りできますか？**

⑳

プリンター，使わせてくれるかな？

**書類をプリントアウト
したいのですが…。**

answers on next page

㉑

ホテルで出してもらえるかな？

**こちらではがきを出して
もらうことはできますか？**

㉒

隣が大騒ぎで眠れない！
フロントに電話しよう。

**隣の部屋がすごく
うるさいんですけど。**

ホテル

⑲ Do you have an outlet adapter?

定番フレーズの Do you have 〜? で尋ねましょう。「コンセント」は和製英語。英語では outlet と言います。

⑳ I'd like to print out a document.

「プリンターをお借りできますか」と丁寧に尋ねるなら，Do you think I could use your printer? と言ってみましょう。

㉑ Is it possible to send a postcard from here?

「〜することは可能ですか？」と質問したいときに便利なのが Is it possible to 〜? です。

㉒ The guests next door are very noisy.

「隣の部屋」は the guests next door（隣室の宿泊客）としましょう。「うるさい」は形容詞 noisy を使います。

カギを持たずにドアを
閉めちゃった！

 明日夕方の帰国便まで，
部屋で休んでいたいな…。

**部屋にカギを置き忘れて，
入れなくなってしまいました。**

**レイトチェックアウトは
できますか？**

answers on next page

 ルームサービスを頼んでみよう。

 朝，フロントから電話。ツアーの
迎えの車が来たとのこと。

**1105 号室ですが，Continental
breakfast を2つお願いします。**

じゃ，すぐ行きます。

ホテル

㉓ I locked myself out.

相手：How may I help you, sir?
「締め出す」という意味の lock out を使って，「自分自身を締め出した」と言えば1文で伝わります。I left my key inside and I can't get in. と言っても OK。

㉔ Do you have late check-out?

こう言って，Can I stay until 2 p.m.?（2時までいてもいいですか？）/ I'd like to leave around 2 p.m.（2時ごろ出発したいんですけど）などのように続けましょう。「アーリーチェックイン」は early check-in。

㉕ This is room 1105. I'd like two Continental breakfasts, please.

相手：This is room service. How can I help you?
電話で「～です」と名乗るときは This is ～. を使います。「モーニングコールを頼みたいのですが」なら，I'd like a wake-up call tomorrow morning, please. となります。

㉖ Okay, I'm coming now.

相手：ABC Tour is here to pick you up.
相手の側に「行く」と言うときの動詞は，go ではなく come を使うことに注意しましょう。

㉗

明日は移動するつもりだったけど,
もう少しこの町を探索しよう。

もう1泊,延長したいんですが。

 ㉘

チェックアウト。荷物が多いので,
ベルホップさんを呼ぼう。

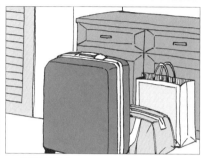

**チェックアウトしたいんですが,
荷物を運んでもらえますか?**

answers on next page

 ㉙

フロントの会計カウンターで
チェックアウトをお願いしよう。

チェックアウトお願いします。

 ㉚

領収書をもらったら,
身に覚えのない料金が…。

これは何の料金ですか?

ホテル

㉗ I'd like to extend my stay one night.

「延長する」という動詞 extend を使いましょう。

㉘ I'd like to check out. Can I get help with my luggage?

英語では,「運んでもらえますか」と言うよりも, このように「荷物を手伝ってもらえますか」と言うほうが控えめでスマートです。ここでの help は名詞です。

㉙ I'd like to check out, please.

How was your stay? / How was everything? などと感想を聞かれることもあります。問題がなかったなら It was great. Thanks. などと答えましょう。手続きが終わると You're all set.（これで完了です）のように言われます。

㉚ What's this charge for?

「料金」は charge。文字通りには「この料金は何に対してですか」という意味です。「ミニバー（飲み物の冷蔵庫）からは何も飲んでいません」なら I didn't have anything from the minibar. と伝えましょう。

Additional Exercises これも言ってみよう

❶ ホテルの予約時に
電話で値段を聞こう。

> **いちばん安い部屋は
> いくらですか？**

❷ 安い宿の場合は，先に部屋を
見せてもらえると安心。

> **部屋を見せてもらえますか？**

❸ チェックインの時間には
まだ早いけど，入れるかな？

> **何時になれば
> 部屋に入れますか？**

❹ ホテルの人に，部屋の
変更を頼んでみよう。

> **部屋を変えてもらえませんか？**

❺ バスタオルが足りない！
フロントに電話しよう。

> **バスタオルを2枚，
> 持ってきてくれませんか？**

❻ ドライヤーが部屋にない。
フロントで貸してくれるかな？

> **ドライヤーありますか？**

ホテル

Additional Exercises これも言ってみよう

❶ How much is the lowest-priced room?

cheapest と言ってももちろん大丈夫ですが，cheap には「安っぽい」という意味合いがあるので，lowest-priced（最も低価格の）または least expensive（最も高価でない）と言ったほうが上品に聞こえます。

❷ Could you show me the room?

自分を主語にして Can I see the room? と言っても同じ意味になります。

❸ What time will the room be ready?

「何時に部屋の準備ができるでしょうか」と聞くとスマート。be ready で「準備ができる，使える状態になる」という意味です。

❹ Could you change my room, please?

定番フレーズ Could you ～? でこのように言えば OK です。

❺ Could you bring me two bath towels, please?

「持ってくる」は bring や get を使いましょう。

❻ Do you have a hair dryer?

定番フレーズの Do you have ～? で。「ドライヤー」は hair dryer。

カフェ・軽食

Going to a Cafe or Fast-food Restaurant

 Track 09

喫茶店やハンバーガーショップ，デリなど
での注文時のやりとりです。

answers on next page

1
コーヒーショップで休憩しよう。

2
何やらマフィンぽいのとスコーン
ぽいのがすごくおいしそう。

**カフェラテの M サイズ1つ
ください。**

あと，これとこれをください。

❶ Can I have a medium latte?

相手：Hi. What can I get for you today?
注文のときは Can I have 〜? か I'd like 〜. を使いましょう。なお，サイズを言うときは，MやSなどのアルファベットで言っても通じないので注意。a small coke, a medium coffee などのように言います。

❷ And can I have this and this, too?

「これ」は this。シンプルですが，物の名前がわからない場合など，会話でかなり活躍する単語です。指で物を指しながら言えば，しっかり通じます。

カフェやファストフードの英語　　　　Words & Phrases

□ 持ち帰りで	**to go**	□ （ハンバーガーなどの）セット	
□ 店内で	**for here, stay**		**meal, combo meal**
□ Sサイズ	**small**	□ フライドポテト	**fries**
□ Mサイズ	**medium**	□ 塩味の / 無塩の	**salted / unsalted**
□ Lサイズ	**large**	□ 無脂肪乳	**fat-free milk**
□ 飲み物のおかわり	**refill**	□ 豆乳	**soy milk**

❸

マフィン，温めてほしいな。

温めていただけますか？

❹

ほかに何か要りますか？
と聞かれた。

いや，以上で。

answers on next page

❺

店内か持ち帰りか聞かれた。

店内で。

❻

注文を終えたら，コーヒーの
受け渡し用に名前を聞かれた。

アヤです。A，Y，A。

カフェ・軽食

❸ Can you heat it up?

定番フレーズの Can you ～? を使いましょう。「温める」は heat up。

❹ No, that's all.

相手：Anything else?
Anything else? は，日本語でいえば「ご注文は以上でよろしいでしょうか」にあたります。同じ意味でIs that it? と聞かれるときもあります。この場合はYes, that's it. と答えましょう。

❺ For here, please.

相手：For here or to go?
「店内でお召し上がりですか。お持ち帰りですか」は，英語では For here or to go? / Stay or go? などと言います。「店内」の場合は For here.，「持ち帰り」の場合は To go. と答えましょう。

❻ Aya. A-Y-A.

相手：What's your name?
商品ができたら呼び出すというシステムの場合は，注文の際に名前を聞かれ，商品ができると Medium latte for Aya. のように呼ばれます。名前を言ったあとにつづりを言うと，外国人にとってわかりやすいですね。

❼
コーヒーを頼んだら，クリームと
砂糖を入れるかと聞かれた。

いや，ブラックでください。

❽
食べ物の材料について
質問してみよう。

ベジー・バーガーってのは
何が入ってるんですか。

answers on next page

❾
デリでサンドイッチを注文。
パンの種類も伝えよう。

パストラミサンド 1 つ。
ライ麦パンで。

❿
タマネギ入れる？ レタスは？
…いろいろ選択を迫られる。

全部入れちゃってください。

カフェ・軽食

❼ No, I'll take it black.

相手：Cream and sugar?
砂糖だけなら Just sugar, please.，砂糖とミルク両方なら Yes, please. と答えます。注文時に Without cream or sugar.（砂糖・ミルクなしで）と伝えてしまってもいいでしょう。

❽ What's in the veggie burger?

中に入っているものを知りたいときは，What's in 〜?（〜の中には何がありますか）の形で尋ねれば大丈夫です。

❾ A pastrami sandwich on rye, please.

サンドイッチ1つ注文するだけでも，パンの種類（white〈食パン〉, wheat〈全粒粉パン〉, rye〈ライ麦パン〉, Kaiser roll〈カイザーロール〉）などの選択肢があることも。パンを焼いてほしいときは Please toast it. と言えば大丈夫です。

❿ Everything, please.

相手：What would you like on it?
「その上に何をのせたいですか」という表現でトッピングを聞かれることがあります。「ピクルス抜いてください」と言いたいなら No pickles, please. と言います。

レストラン

Going to a Restaurant

 Track 10

レストランのウェイターさんとの注文や会
計などのやりとりです。

answers on next page

❶

予約なしで入ったけど，
座れるかな…。

３人なんですけど…。

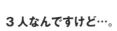

❷

「今，満席なんです」
と言われた。

どのくらい待ちますか？

❶ Do you have a table for three?

相手：How many in your party?
「何名さまですか」は How many (people) (in your party)? などと聞かれます。「3人用のテーブルはありますか」という風に表現するのが一般的。A table for three, please. でも OK。

❷ How long is the wait?

相手：I'm sorry, we're full right now.
How long will we wait? と直訳しても一応通じますが，英語として自然なのは How long is the wait? です。この the wait は「待ち時間」という意味の名詞です。

レストランの英語　　　　　　　　　　　Words & Phrases

☐ 前菜・食前酒　**appetizer**　　　　☐ 炭酸なしの水　**still water**

☐ 主菜　　　　**entrée, main course**　☐ 炭酸入りの水　**sparkling water**

☐ 大皿料理・盛り合わせ　**platter**　　☐ 食べ放題の　**all-you-can-eat**

☐ バイキング形式　**buffet style**　　☐ おかわり　　**another helping**

❸ 「2，3分」と言われたのに，入り口で
もうずいぶん待たされている。

あとどのくらいかかりそうですか？

❹ 少なくとも 30 分くらいは
待たないといけないらしい。

また今度来ますね。

answers on next page

❺ 人気のレストランを予約。
電話して，営業時間を尋ねよう。

何時から開いてるんですか？

❻ レストランに予約を入れよう！

**今夜 8 時から
2 名で予約したいんですが。**

❸ How much longer will it take?

時間を表す it を主語にして，「(時間が)かかる」という意味の動詞 take を使いましょう。

❹ I'll come back another time then.

相手：I'm not sure. It could be 30 minutes or more. 待つのであれば，Okay, I'll wait. のように伝えましょう。

❺ What time do you open?

What time are you open from? という言い方もあります。「何時までやってるんですか」と尋ねるなら What time are you open until? / What time do you close today? と言いましょう。

❻ I'd like to reserve a table for two for 8 p.m. tonight.

単に「予約したいのですが」と切り出すなら I'd like to make a reservation.「明日の8時から」なら for 8 p.m. tomorrow night,「23日の8時から」と言いたいなら for 8 p.m. on the 23rd とすれば OK。

レストラン

❼
レストランに到着。入り口で,
予約していた旨を伝えよう。

8 時で予約した者です。

❽
レストランのインテリアを
ほめてみよう。

すてきなインテリアですね。

answers on next page

❾
「お決まりですか?」と聞かれたけど,
まだ決まってない!

**もうちょっと待って
もらっていいですか?**

❿
このお店は何が
おいしいのかな。

おすすめは何ですか?

❼ Hi. I have a reservation for 8 o'clock.

このあと，My name is Suzuki. のように予約の名前を伝えましょう。

❽ The interior is beautiful.

アメリカなどでは，気に入ったものをどんどん口に出してほめる文化があります。お店の内装を気に入ったら，思い切ってこんな風に声をかけてみましょう！

❾ Can we have a few more minutes?

相手：Ready to order?
(Are you) ready to order? や (Are you) all set? / May I take your order?（ご注文はお決まりですか？）などと聞かれて，まだ決まっていないときは，このように伝えてゆっくり選びましょう。

❿ What do you recommend?

「何をすすめますか」のように尋ねましょう。「すすめる」は動詞 recommend を使います。「今日のおすすめは何ですか」なら What's today's special?，「この土地の名物は何ですか」なら What's the local specialty? となります。

⑪

メニューの写真は
おいしそうだけど…。

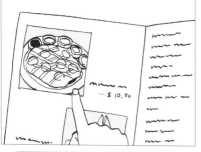

これはどんな料理なんですか？

⑫

海外の料理はサイズが大きいと
いうから，あらかじめ確認。

これはどのくらいの量ありますか？

answers on next page

⑬

隣のテーブルの料理が
すごくおいしそう！

あの人が食べているのは
何ですか？

⑭

やっと注文が決まった！
ウェイターさんに話しかけよう。

注文いいですか？

⓫ What kind of dish is this?

「どんな〜」と尋ねるときは，What kind of 〜? を使います。「(1 皿の)料理」は dish で表します。

⓬ How big is this dish?

料理の量を知りたいときは How big 〜? という大きさを尋ねる表現を使うとよいでしょう。

⓭ What's that dish he's having?

dish という名詞の後ろから，he's having（彼が食べている）が修飾する形です。この料理を食べている人に聞こえないように，こっそり尋ねるのがマナー。露骨に指をさしたりしないように注意してください。

⓮ Can I order, please?

ウェイターさんがこちらに気づかないようなら，小声でこのように伝えてもいいでしょう。カジュアルなレストランでは，May I 〜? の代わりに，よりくだけた Can I 〜? を使うのが一般的です。

⑮

メニューを指しながら，
ウェイターさんに注文。

Caesar salad（シーザーサラダ）と
veal sauté（仔牛肉のソテー）を。

⑯

友達と同じ物がいい場合は…。

私も同じものを。

answers on next page

⑰

ステーキを頼んだら
焼き加減を聞かれた。

ミディアムレアで。

⑱

一皿の量がすごく多そう…。

これ，私たちで分けて
食べてもいいですか？

⓯ Can I have the Caesar salad and the veal sauté?

Are you ready to order? と言われたら Yes. と応じて注文を。注文するときは，Can I have ～? (～をいただけますか) がもっともシンプルで伝わりやすいのでおすすめです。料理名の前の the は，「この(メニューにある)～」という意味合いで使われています。

⓰ I'll have the same.

「同じ物」は the same で OK。「それ，２つにしてください」なら Make that two, please. と言いましょう。

⓱ Medium rare, please.

相手：How would you like your steak?
肉を注文して How would you like it? と聞かれたら，焼き加減の希望を尋ねられています。well done / medium / medium rare / rare に please をつけて答えるだけで問題ありません。

⓲ Can we share this?

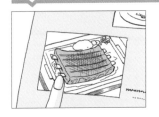

「共有する，分け合う」という意味の動詞 share を使いましょう。

⑲ 料理を運んできた係の人に
「エンジョイして」と言われた。

いただきます。

⑳ 30 分以上前に注文したのに…。

**私のサラダがまだ
来てないんですが…。**

answers on next page

㉑ アルコールはちょっと休憩。

お水をもらえますか?

㉒ 水道水とボトルの水,
どっちにするか聞かれた。

水道水でいいです。

⓲ Thank you.

相手：Enjoy your meal.
「いただきます」に相当する英語はありません。料理を運んできた接客係に Here you go! / Enjoy your meal! などと言われたら，Thank you. と応じれば OK。It looks delicious.（おいしそう！）と一言添えてもいいでしょう。

⓳ My salad hasn't come yet.

「30 分以上たっています」と伝えたいときは，I ordered it over thirty minutes ago. と続けましょう。

㉑ Can I have some water?

お水も，定番フレーズの Can I have 〜? で頼みましょう。some がなくてももちろん通じますが，some をつけるとぐっと自然な感じになります。

㉒ Tap water is fine.

相手：Would you like tap water or bottled water?
お店によっては Tap water or bottled water? のように尋ねられることもあります。〜 is fine. は「〜でいいです」というニュアンスになります。

㉓ トイレを借りよう。

トイレってどこですか？

㉔ あれ？ こんな料理,
注文したかな？

これ，頼んでませんよ。

answers on next page

㉕ 担当ウェイターが「すべて問題ない
ですか？」と尋ねてきた。

**ええ，満足しています。
どうもありがとう。**

㉖ すごい量で食べ切れなかった！
ホテルに持って帰ろう。

**これ，持ち帰りにする
ことってできますか？**

㉓ Where's the restroom?

「トイレ」は，toilet という直接的な語は避けましょう。公共の建物の場合は restroom，個人宅の場合は bathroom などの遠回しな表現を使います。

㉔ I don't think we ordered this.

相手：Here you go.
I don't think 〜.（〜ではないと思うのですが）という控えめな言い方を使いましょう。「注文したものと違うと思うんですが…」は I don't think this is what we ordered. となります。

㉕ Yes. Everything is great. Thank you.

相手：Is everything okay?
How's everything? などと聞かれたらこうやってほめるのがふつう。This is very good.（これ，とてもおいしいですね）のように応じても OK。All set? と聞かれたら「ご注文はおそろいですか」の意味です。

㉖ Can I take this home?

Can I have a to-go box?（持ち帰り用の箱をもらえますか）や Can I have a doggy bag?（ドギーバッグ〈持ち帰り用の袋〉をもらえますか？）のように言う場合もあります。

㉗
ウェイターさんに「デザートは
いかがですか」と言われた。

いやーもう結構です。

㉘
地元の料理に大満足！
そろそろ帰ろう。

お会計お願いします。

answers on next page

㉙
支払いはどこで？

お支払いはテーブルで
いいですか？

㉚
ウェイターさんにお礼の
気持ちを伝えよう。

行き届いたサービスをありがとう。

㉗ Oh, I'm fine. Thank you.

相手：Would you like some dessert?
Would you like anything else? などと聞かれたときの応じ方。It's OK. I'm full.（おなかいっぱいなので結構です）などと言うことも。これをきっかけに会計を頼むとスマートです。

㉘ Can I have the check, please?

会計を頼むときも，定番フレーズ Can I have ～? で。「会計，勘定書」は check といいます。ウェイターから（Are you）all set?（お食事はお済みですか）と聞かれることもあります。

㉙ Do I pay at the table?

レストランはテーブルで支払いをするのが一般的ですが，よくわからないときはこのように聞きましょう。

㉚ Thank you for the great service.

帰り際にサラッとこういったほめことばを言えるとすてきですね。It was a great dinner. というフレーズもよく使われます。

㉛

ウェイターさんに見送られた。

ごちそうさま。おやすみなさい。

answers on next page

Additional Exercises これも言ってみよう

❶ レストランを予約する段階で
電話して聞いておこう。

服装規定はありますか？

❷ ワイン選びで迷ったら，
聞いてしまおう。

**この料理には
どれが合いますか？**

❸ おなかいっぱいだけど，
これは別腹。

**デザートメニューを
もらえますか？**

❹ もう1杯飲みたいな。

**コーヒーのおかわり
もらえますか？**

107

㉛ Thank you. You too.

相手：Have a good night.

日本ではお店の人に「ごちそうさまでした」などとあいさつしますが，英語には「ごちそうさま」に相当するあいさつはありません。お店を出るときは Have a good night. (よい夜を)や Thank you.(ありがとう)などと言います。

Additional Exercises　これも言ってみよう

❶ Is there a dress code?

「服装規定」は a dress code といいます。男性であれば，Do I need a jacket? (上着は必要ですか) などと確認しましょう。

❷ Which one goes with this dish?

go with ～は「～と合う，調和する，マッチする」という意味で，Your jacket doesn't go with your shirt. (上着とシャツが合っていません) のようにも使えます。

❸ Can I have the dessert menu?

メニューも，注文するときの定番フレーズの Can I have ～. で頼みましょう。

❹ Can I have another cup of coffee?

「もう1杯の～」は another cup of ～。

買い物

Shopping

🎵 Track 11

ショッピングのときの，店員さんなどとの
やりとりです。

answers on next page

❶ 店内をぶらぶら見ていたら
店員さんが話しかけてきた。

❷ お店では，一声かけてから
商品に触ろう。

大丈夫，見ているだけです。

**これ，ちょっと見せて
もらってもいいですか？**

❶ No, thank you. I'm just looking.

相手：Can I help you find something?
May I help you? などと声をかけられたときの応じ方。そっけなく聞こえてしまわないように thank you を添えましょう。手伝ってほしい場合は Yes, I'm looking for ～. と伝えます。

❷ Can I take a look at this?

take a look は「ちょっと見る」というニュアンスです。

ショッピングの英語　　　　　　　　　　Words & Phrases

□ お土産	souvenir	□ 配送する	ship
□ 店員	clerk	□ 配送料	shipping fee
□ レジ，レジ係	cashier	□ 追加料金	extra charge
□ 試着室	fitting room	□ 保証，保証書	warranty
□ サイズが合う	fit	□ プレゼント用に包む	gift-wrap
□ 払い戻し	refund		

❸
手作り風のお財布を売っている
若者に話しかけてみよう。

これ，手作りなんですか？

❹
値段を聞いてびっくり！
率直な印象を伝えよう。

高いなー！

answers on next page

買い物

❺
お土産で迷ったら，
店員さんに聞いてみよう。

どのお土産が人気ですか？

❻
同じツアーの参加者が，自分が
探していた品物を持っている！

それ，どこで買ったんですか？

❸ Are these handmade?

「手作り」は handmade という形容詞を使いましょう。「何でできていますか」と素材を聞きたいなら，What's this made of? のように尋ねます。

❹ That's pricey!

相手：It's 99 dollars 99 cents.
「高価な」は expensive でももちろんいいですが，pricey の方がカジュアルで柔らかい響きがするので，この場面に適しています。「まけてくれない?」と値切るなら Can you give me a discount? と言いましょう。

❺ What's a popular gift?

お土産に迷ったら，このように相談してもいいでしょう。その土地の名物を知りたければ specialty（名産品）という単語を使って What's the local specialty? と尋ねてみましょう。

❻ May I ask where you got that?

Where did you get that? だと直接的に聞こえるので，あまり親しくない人に突然話しかける場合には，「どこでそれを買ったか聞いてもいいですか」のように間接的に表現するといいでしょう。

❼ 姉に頼まれたんだけど，
どこに売ってるんだろう…。

マフラーはどこで売ってますか？

❽ 試着のときは一声かけて。

これ，試着してもいいですか？

買い物

answers on next page

❾ 店員さんが，全然趣味に
合わないものをすすめてきた！

**う～ん，私にはちょっと
派手すぎかな。**

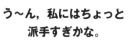

❿ このTシャツほしいんだけど，
ちょっと大きいなあ。

**これの小さいサイズって
ありますか？**

113

❼ Where can I buy scarves?

「私はどこで買えますか」と考えましょう。「マフラー」は scarf といいます。

❽ Can I try this on?

定番の Can I ～? で許可を求めましょう。「試着する」は try on といいます。

❾ Hmm, I think it's a little too loud for me.

相手：How about this?
Hmm と少し間を置いてから I think で文を始めると，言葉の調子が柔らかくなり，正直な意見が言いやすくなります。変に気をつかわずに，自分の気持ちを正直に伝えましょう。

❿ Do you have this in a smaller size?

定番フレーズの Do you have ～? で尋ねましょう。「M サイズありますか？」なら Do you have this in medium? と言います。

⓫

ジーンズのすそ上げを
してもらえるかな…。

**サイズ直しって
してもらえるんですか？**

⓬

ガラスケースの中の
商品が気になる！

**２段目の，右から３つ目の
やつを見せてもらえますか？**

買い物

answers on next page

⓭

いいんだけど，やっぱり
高いかなー。

ちょっと考えさせてください。

⓮

迷ったけど，
やっぱり決めた！

これください。

⑪ Do you do alterations?

「サイズ直し」は alteration といいます。ジーンズのすそ上げだけでなく、ドレスやジャケットなどの洋服全般や、指輪などのアクセサリーにも使えます。

⑫ Can I see the third one from the right, on the second row?

first, second, third（3番目）…という序数を使います。「段」は row といいます。「右から」なら from the right、「上から」なら from the top、「下から」なら from the bottom。

⑬ I'd like to think about it.

買う決心がつかないときはこのように言って、Thank you. と売り場を離れましょう。

⑭ I'll take it.

「これください」という時の決まり文句が I'll take it. です。

⑮

プレゼントなので,
包装してもらおう。

贈り物用に包んでもらえますか?

⑯

知人へのお土産にお菓子。
帰国するまで持つかな?

**これはどのくらい
日持ちしますか?**

answers on next page

⑰

3人分のお土産だから,別々に
ラッピングしてくれないかな?

**別々に包んでもらうことって
できますか?**

⑱

ここでもカード使えるかな?

カードで払いたいんですが…。

買い物

⑮ Can you gift-wrap it?

gift-wrap（プレゼント用に包装する）という動詞が
あります。日本では「贈り物ですか」などと店員さ
んから尋ねてくれることが多いですが，海外ではこ
ちらから先にお願いするのが一般的です。

⑯ How many days will this keep?

「日持ちする」は keep という動詞で表すことができ
ます。

⑰ Could you wrap those separately?

「包む」は wrap という動詞を使います。「別々に」
は separately といいます。

⑱ I'd like to pay with my credit card.

「〜で払う」と言うときは pay with 〜 で表します。

買い物

⑲ 友達に配るのに,
紙袋をもう1つもらおう。

> 袋, もう1つもらえますか?

⑳ 帰り際, レジの人に
「よい一日を!」と言われた。

> あなたもね。

answers on next page

㉑ スーパーのレジの人に, ポイント
カードを持っているかと聞かれた。

> いえ, 持ってません。

㉒ レジの人にカードを渡したら,
デビットかクレジットか聞かれた。

> クレジットで。

⑲ Can I have another bag, please?

相手：Here you go.
お土産として友達に分けたいときなどには，このようにお願いすることもできます。

⑳ You, too.

相手：Have a good day!
Have a good time. などと言われたら You, too. と応じれば大丈夫です。

㉑ No, I don't.

相手：Do you have a Super Saver Card?
レジで Do you have a ～ card? と言われたら，たいていその店のポイントカードについて聞かれています。作っておきたかったら，No, how can I make one? のように尋ねましょう。

㉒ Credit card, please.

相手：Debit or credit?
Cash or charge? は「現金か，クレジットカードか」という意味です。また，Paper or plastic? は「紙袋か，ビニール袋か」と聞かれています。

Additional Exercises これも言ってみよう

① 高級そうなショップ。
買うつもりはないけど…。

> ちょっと店内を見せてもらっても
> いいですか？

買い物

② 前もって準備しておいた
割引券を提示しよう。

> この割引券，使えますか？

③ 食料品店のチーズコーナー。
どんな味がするんだろう。

> これ，試食できますか？

④ 形もサイズもちょうど
いいんだけど…。

> これの色違いってありますか？

Additional Exercises これも言ってみよう

❶ Can I have a look around?

買うつもりがなく，店内を見学したいだけのときに，店員さんに許可を求める言い方です。動詞の look の代わりに have a look を使うことで，「ちょっと見る」というニュアンスになります。

❷ Can I use this coupon?

これも定番の Can I ～? で。割引券は a (discount) coupon といいます。

❸ Can I try this?

「試食する」は try の１語で伝わります。Can I try this on? とすると，「試着できますか？」という意味になるのでしたね。

❹ Do you have this in a different color?

「色違い」は a different color（違う色）とすれば大丈夫です。「これの青はありますか」なら Do you have this in blue? となります。

観光案内所

At a Tourist Information Center

 Track 12

観光地の観光案内所・ビジターセンターな
どの係員さんとのやりとりです。

answers on next page

❶ 案内所にパンフレットが並んで
いるけど，これ，タダかなぁ？

❷ 無料の観光マップを
手に入れよう。

> **これ，もらっていいですか？**

> **市内の観光マップを
> もらえますか？**

❶ Can I take this?

take は「持って行く」という意味。相手から「受け取る」場合は Can I have 〜?，置いてあるものを「持って行く」場合は Can I take 〜? が自然です。

❷ Can I have a tourist map of the town?

比較的大きな都市なら town ではなく city を使いましょう。「ホテルのリストをもらえますか」なら Can I have a hotel list? となります。

観光案内所の英語　　　　　　　　　　　Words & Phrases

□ 宿泊施設	**accommodation**	□ パンフレット	
□ 交通機関	**transportation**		**brochure, pamphlet**
□ 時刻表	**timetable**	□ ツアー	**tour, excursion**
□ 旅行日程	**itinerary**	□ ガイド付きのツアー	
□ クーポン	**coupon**		**guided tour**
□ チラシ	**flier**		

❸
案内所にはいろんな割引クーポンが
あると聞いたけど…。

❹
この街の名所を聞いてみよう。

観光案内所

> **レストランの割引券って
> ありますか？**

> **この街の見どころを
> 教えてください。**

answers on next page

❺
現金が残り少なくなってきた。
観光案内所で聞こう。

> **このへんで，両替できる所を
> ご存じですか？**

❸ Do you have any discount coupons for restaurants?

「あるのが当たり前」のものでなければ，まずは Do you have 〜? で聞いてみましょう。Do you have discount coupons for hotels[Broadway shows]? のように使えます。

❹ What are some must-see sites in this town?

「見どころ」は，a must-see site（見なければならない場所）のように表現できます。What places do you recommend?（おすすめスポットは？）と合わせて覚えましょう。

❺ Do you know where I can exchange money?

「どこで〜できますか？」は Do you know where I can 〜? を使いましょう。観光案内所などで Do you know where I can get the best rates? と聞けば，どこで両替するのがいちばんお得かも教えてもらえるかもしれません。

Additional Exercises これも言ってみよう

① 案内所で，行き方を
聞いておこう。

> 歴史博物館には何で行くのが
> いちばんいいですか？

② せっかく行って休館日
だったらいやだな。

> 今日は歴史博物館は
> 開いてますか？

③ 今夜は泊まる場所を
確保していない。

> 今夜泊まれるところを
> 探しているんですが…。

④ 今日は観劇でもいいな。

> ABC シアターでは今
> 何をやっているかわかりますか？

⑤ バスの乗り放題切符が
あったら便利なんだけど…。

> バスの 1 日券は
> 売っていますか？

観光案内所

Additional Exercises これも言ってみよう

❶ What's the best way to get to the History Museum?

Should I take the subway?（地下鉄で行ったほうがいいですか）などと続けましょう。

❷ Is the History Museum open today?

「開いている」は形容詞の open を使えば OK。Do you know ～? で始めるときは，Do you know if the History Museum is open today? となります。

❸ I'm looking for a place to stay tonight.

宿の手配をしてもらえる案内所では，このように伝えてホテルリストを見せてもらい，空室を探してもらいましょう。

❹ Do you know what they're playing at ABC Theater right now?

Do you know ～? で始めたときは，〈what ＋主語＋動詞〉の語順になることに注意してください。

❺ Do you sell one-day bus tickets?

Do you have ～? と聞いてももちろん大丈夫ですが，Do you sell ～? とすると，「ここで販売しているかどうか」を確かめたい感じがよりはっきり出ます。

両替・郵便局

Exchanging Money,
Sending Mail

 **Track 13**

通貨の両替所や銀行，郵便局などでのやり
とりです。

answers on next page

❶ 両替所で現地通貨の
現金を手に入れよう。

❷ トラベラーズチェックの
現金化もできるかな？

円をドルに両替したいんですが。

**トラベラーズチェックの換金は
できますか？**

❶ I'd like to change yen into dollars.

change A into B で，「A を B に変える」という意味です。

❷ Do you exchange traveler's checks?

Can I exchange traveler's checks? と言うこともできます。

両替所・郵便局の英語 　　　　　　Words & Phrases

□ 通貨	**currency**	□ 切手	**stamp**
□ 紙幣	**bill**	□ はがき，絵はがき	
□ 硬貨	**coin**		**postcard**
□ 小銭	**small change**	□ 小包	**package**
□ 交換レート	**exchange rate**	□ 速達	**express mail**
□ 手数料	**commission**	□ 郵送料	**postage**

3

チップ用に，小額紙幣を
多めにもらっておこう。

1 ドル札を 20 枚，
入れてもらえますか？

4

海外の ATM では，カードが
うまく使えないことも。

カードが機械に吸い込まれて
しまいました。

answers on next page

両替・郵便局

5

切手代がわからないから
郵便局の窓口で出そう。

日本にこの絵はがきを
出したいんですが。

6

小包を送りたい。送料を
聞いてみよう。

これを日本まで送ると，
いくらかかりますか？

❸ Can you include twenty one-dollar bills?

相手：How would you like it?
「どのようにしますか？」と聞かれたら，ほしいお札の種類を伝えましょう。「小銭を入れてください」なら Can you include some small change? と言います。Can I have 〜? としても OK。

❹ My card got stuck in the machine.

「吸い込まれる」は，「引っかかる」という意味の get stuck で表現できます。

❺ I'd like to send this postcard to Japan.

切手代がわかっているときは，Can I have three 98-cent stamps?（98 セント切手を 3 枚ください）のように言いましょう。

❻ How much will it cost to send this to Japan?

What's the cheapest way to send it?（いちばん安い方法は何ですか）と聞いてみるのもいいでしょう。「何日かかりますか」なら How many days will it take? と尋ねます。

美術館・博物館

Going to a Museum

 Track 14

美術館や博物館などでの，係員さんとのやりとりです。

answers on next page

❶ 美術館の入り口で
チケットを買おう。

❷ 学生だけど，入場料
安くならないのかな？

大人2枚ください。

学割はありますか？

❶ Can I have two adult tickets?

カジュアルな言い方になりますが，Two adults, please. だけでも OK です。

❷ Do you have student discounts?

定番の Do you have ～? で尋ねます。「学割」は student discount。国際学生証（international student ID）を持っていれば割引が受けられる施設が多いので，ぜひ聞いておきましょう。

美術館・博物館の英語　　　　　　　Words & Phrases

□ 入場料	admission (fee)	□ 彫刻	sculptures
□ パンフレット	brochure, pamphlet	□ クローク，手荷物預かり所	coat check
□ 館内案内図	floor map	□ 土産物店	gift shop
□ 展示	exhibition	□ 案内付きツアー	guided tour
□ 作品	works	□ 学割	student discount
□ 絵画	paintings	□ 館長，学芸員	curator

3

入館料は任意とのこと。

**1 人 10 ドルずつで
お願いします。**

4

時間がたつのがはやい！
もっとゆっくり見ていたいけど…。

何時まで開いてるんですか。

answers on next page

美術館・博物館

5

せっかく来たのに閉館していた！
守衛さんに聞いておこう。

何曜日に開いてるんですか？

6

写真を撮ろうとしたら，
係員さんに注意された。

すみません，知りませんでした。

❸ Ten dollars each, please.

Pay as you wish または Pay what you wish と掲示されていたら，自分が払いたい金額を払って入場できるシステム。suggested fee / recommended fee（参考料金）があればその金額を目安にして払いましょう。

❹ What time do you close?

動詞 close を使ってシンプルに質問しましょう。お店の閉店時間を尋ねるときにも使えます。

❺ What days are you open?

「（店などが）開いている」は形容詞 open で尋ねましょう。

❻ Oh, sorry. I didn't know.

相手：You can't take pictures here.
注意されたらすぐに謝りましょう。撮影はできても，flash（フラッシュ）や tripod（三脚）の使用が禁止されている場合があるので注意してください。

Additional Exercises これも言ってみよう

① 日本語版があるかどうか
係の人に聞いてみよう。

> **日本語のパンフレットは
> ありますか？**

② 前売り券を持っているけど，
常設展しか見られないのかな？

> **このチケットで特別展も
> 見られますか？**

③ イヤホンで聞くガイドの
端末を借りたい。

> **オーディオガイドを
> 使いたいのですが。**

④ フラッシュ禁止と書いてあるけど…。

> **フラッシュをたかなければ
> 写真を撮ってもいいですか？**

⑤ 学芸員さんによる
館内ツアーはあるのかな？

> **ガイド付きのツアーは
> ありますか？**

美術館・博物館

Additional Exercises これも言ってみよう

❶ Do you have a Japanese brochure?

「パンフレット」は，pamphlet よりも brochure という単語のほうが一般的です。

❷ Can I see the special exhibition with this ticket?

「特別展」は special exhibition，「常設展」は regular[permanent] exhibition といいます。

❸ I'd like an audio guide, please.

「オーディオガイド」は an audio tour とも言います。

❹ Can I take a picture if I don't use my flash?

Can I ～? に，if ～を組み合わせるのがポイントです。「フラッシュ」は flash，「三脚」は a tripod。

❺ Do you have guided tours?

「(催し物を)開催する」という意味の give を使って，Do you give guided tours? としてもいいでしょう。「日本語ガイド付きのツアーはありますか」なら Do you have[give] guided tours in Japanese? となります。

観劇・観戦

Watching a Play,
Going to a Game

 Track 15

劇場で演劇やミュージカルなどを見たり、
スタジアムで野球やサッカーなどを観戦し
たりするときのやりとりです。

 観劇・観戦

answers on next page

❶ 日本で予約しておいたチケットを
窓口で受け取ろう。

インターネットで予約した者です。

❷ 本場のミュージカル。
当日券は残ってるかな？

**今夜のチケットは
まだありますか？**

❶ I reserved tickets online.

「私はオンラインでチケットを予約しました」のように言いながら控えを渡せば大丈夫です。

❷ Do you still have tickets for tonight's show?

定番フレーズの Do you have 〜? を使いましょう。a ticket for tonight（今夜のチケット），a ticket for tomorrow（明日のチケット）のように，前置詞は for を使います。

観劇・観戦の英語　　　　　　　　Words & Phrases

☐ チケット売り場　　　**box office**

☐ （劇場の）1階席　　　**orchestra**

☐ （劇場の）2階席　　　**mezzanine**

☐ （劇場の）桟敷席　　　**balcony**

☐ 立ち見席　　**standing room**

☐ 前部の席　　　**front seat**

☐ 後部の席　　　**rear seat**

☐ 利用できる，入手可能な

　　　　　　　available

☐ （公演の）昼の部　**matinee**

☐ （公演の）夜の部

　　　　　evening, soiree

☐ 休憩時間　　**intermission**

☐ 試合開催地　　**venue**

☐ クローク，手荷物預かり所

　　　　　coat check

❸

離れた席なら結構空いてる
らしいんだけど，やっぱり…。

2 人並んだ席がいいです。

❹

1 階の 10 列目か，2 階の 1 列目が
空いているらしい。

どっちがよく見えますかね？

answers on next page

❺

公演は何時ごろ終わるのかな？

**このショーの上演時間は
どれくらいですか？**

❻

隣の席の人から，「よく来られる
んですか？」と話しかけられた。

ミュージカルは初めてなんです。

観劇・観戦

► ► ►解 答 例 — You can say it this way:

❸ We'd like to sit together.

相手：We have seats if you don't mind sitting
　　　apart.
「私たちはいっしょに座りたい」と言えば，それで
OK です。

❹ Which seat has a better view?

相手：We have seats on the first floor tenth row,
　　　or the second floor first row.
「どちらの席が，よりよい眺めを持っていますか」と
いう英文にします。

❺ About how long is this show?

About how long is the game/movie? のように応
用できます。

❻ No, it's my first time to see a musical.

相手：Do you come here often?
「初めて」は my first time で表します。

7 前の人がずっとおしゃべり。
いくらなんでもうるさい。

**すみませんが，少し静かに
していただけますか？**

8 明日の試合のチケットをとろうと
したら，もう売り切れとのこと…。

**今日の試合の当日券は
ありますか？**

answers on next page

9 球場の入場ゲートで，「その荷物は
持ち込めません」と言われた。

**どこか預かってもらえる
所はありますか？**

10 全席自由。この席は荷物が
置いてあるけど…。

すみません，ここ空いてますか？

観劇・観戦

❼ Excuse me, but could you keep it down, please?

ストレートに Could you be quiet? と言うと,「静かにしなさいよ」のように聞こえてしまう可能性も。「低い声（小さな音量）に抑える」という意味の keep it down を使いましょう。

❽ Do you have tickets for today's game?

相手：Sorry, tickets are sold out.
「今日の試合のチケットはありますか」という英文にしましょう。

❾ Is there any place I can leave it?

相手：You can't carry that into the stadium.
バックパックなどの大きな荷物は，スタジアムに持ち込めない場合もあるので注意しましょう。

❿ Excuse me, is this seat taken?

文字通りには「この席は取られていますか」という意味で，空席かどうか聞くときの決まり文句です。空席であれば，Oh, go ahead.（あ，どうぞ）などと言って空けてくれるはずです。

⓫ ひいきのチームを応援しよう。
英語で, 選手たちに届け！

⓬ ノリノリの隣の人に,
思い切って話しかけてみよう。

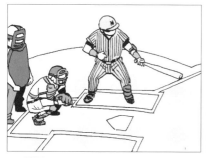

> 行けっ！ ヤンキース！

> どの選手が好きなんですか？

answers on next page

Additional Exercises これも言ってみよう

観劇・観戦

❶ ミュージカルのチケットを買おう。

> 6 時からの回を,
> 大人 2 枚ください。

❷ 希望していた回の
チケットはもう売り切れとのこと。

> いつなら大丈夫ですか？

❸ 10 列目の席なら空いている
とのこと。どのへんだろう？

> 座席表を見せてもらえますか？

❹ 上演時間が長め。
休憩の有無を聞いておこう。

> 途中で休憩はありますか？

⑪ Come on, Yankees!

Yankees are the best!（ヤンキース，最高！），What a play!（すごいプレーだ！）などの言葉が，英語で選手に届くといいですね。

⑫ Who's your favorite player?

演劇やコンサートの場合も，Who's your favorite cast member?（好きなキャストはだれですか），Who's your favorite singer?（好きな歌手はだれですか）のように応用できます。

Additional Exercises これも言ってみよう

❶ Can I have two adult tickets for the six o'clock show?

「6 時からの回のチケット」は a ticket for the six o'clock show で表します。

❷ What show is still available?

「いつの回」は what show で表せます。「利用できる，入手可能な」という意味の available を使いましょう。

❸ Can I see the seating chart?

許可を求める Can I ～? を使いましょう。「座席表」は seating chart です。

❹ Is there an intermission?

劇場での「休憩，幕あい」はふつう，break ではなく intermission という言葉を使います。

観光

Sightseeing

 Track 16

街の中を観光したり，スポーツを体験したり，ツアーに参加したりするときのやりとりです。

answers on next page

❶ 集合場所はここだと思うんだけど，この人たちも参加者かな？

> **ABC ツアーの集合場所は
> ここでいいんですか？**

❷ ガイドさんが大事なことを言ったらしいけど，聞き取れなかった。

> **今ガイドさんがなんて言ったか
> 教えていただけますか？**

観光

❶ Is this the meeting place for the ABC tour?

「待ち合わせ場所」は meeting place といいます。

❷ Could you tell me what the guide just said?

丁寧なお願いを表す Could you 〜? を使って聞いてみましょう。「今，〜が言ったこと」は what 〜 just said で表します。

観光の英単語　　　　　　　　　　　　Words & Phrases

☐ 迎えに来る　**pick up**

☐ 展望台　**observation deck**

☐ 入場料　**admission（fee）**

☐ （レンタルで）借りる　**rent**

☐ （スポーツなどの）装備・用具一式　**gear**

☐ トレッキング　**trekking**

☐ スキューバダイビング　**scuba diving**

☐ シュノーケリング　**snorkeling**

☐ パラグライディング　**paragliding**

☐ パラセーリング　**parasailing**

☐ ウィンドサーフィン　**windsurfing**

☐ ラフティング　**rafting**

☐ カヤッキング　**kayaking**

❸ ここでみんなと写真を撮りたいな。
あの人たちにお願いしよう。

**写真を撮って
いただけませんか？**

❹ どんな風に写真を撮って
ほしいか，リクエストしよう。

**後ろの教会も入れて
撮ってもらえますか？**

answers on next page

❺ お礼に相手の写真も
撮ってあげよう。

**おふたりの写真も
撮ってあげましょうか？**

❻ 相手がニッコリ笑うように
声をかけて。

はーい，笑ってー！

観光

❸ Could you please take our picture?

Excuse me. と声をかけてからこのようにお願いしましょう。初対面の人に丁寧にお願いしたいときは, Could you please 〜? を活用しましょう。なお, please は文末に入れても OK。

❹ Could you please include the church in the back?

「含める」という意味の動詞 include を使って「後ろの教会も入れてもらえますか」のようにお願いするとシンプルに通じます。

❺ Would you like me to take your picture?

Would you like to 〜?（〜をしたいですか）は相手の希望を尋ねる表現。like のあとに me を入れて Would you like me to 〜? にすると,「私に〜してほしいですか？」と申し出る表現になります。

❻ Okay, smile!

「笑って！」は, 命令文で Smile! と言えば OK。ちなみに, 写真を撮るときの「チーズ！」は Cheese! ではなく, Say cheese!（チーズと言ってください）と言います。

❼ 服装が OK かどうか，あらかじめ
聞いておくと安心。

> **この格好で入っていいですか？**

❽ ビーチに到着。日焼けしないように，
ビーチパラソルを借りよう。

> **ビーチパラソルのレンタルを
> お願いしたいんですけど。**

answers on next page

❾ パラセーリングの申し込みって，
本当にここでいいのかな…。

> **パラセーリングの予約って，
> ここでいいんですか？**

❿ 明日はシュノーケリング。
9 時にホテル前集合と言われたが…。

> **手ぶらで行っていいんですか？**

観光

151

❼ Can I go in these clothes?

in these clothes で「この格好で」という意味になります。

❽ I'd like to rent a beach parasol.

「ビーチパラソル」は beach umbrella ともいいます。「レンタルする」は,「(お金を払って)借りる」というの意味の動詞 rent を使いましょう。

❾ Do I make a reservation for parasailing here?

「予約する」という意味の make a reservation を使ってこのようにたずねましょう。

❿ Do I have to bring anything?

「タオルを持って行ったほうがいいですか?」なら Should I bring my own towel?,「どこで着替えるんですか」なら Where do I change into my bathing suit? とたずねましょう。

⑪
シュノーケリングに挑戦！ でも
どうも水中めがねが合わない。

これ，サイズが合わないんです
けど，変えてもらえますか？

⑫
体験ダイビングをやりたいけど，
参加できるのかな？

ダイビングの資格は
持ってないんですが…。

answers on next page

⑬
スノボのセットを借りようとしたら，
足のサイズを聞かれた。

アメリカのサイズはわからないん
です。25 センチなんですが…。

⑭
遊園地の乗り物はどれもすごい行列！
観覧車に乗りたいけど…。

これ，観覧車待ちの列ですか？

観光

⓫ Can I have a different size? This doesn't fit well.

「サイズが合う」という意味を1語で表す動詞 fit を使って言いましょう。

⓬ I don't have a diving license.

「一度もダイビングの経験がありません」なら I've never scuba dived before.、「一度、体験ダイビングをしたことがあります」なら I have taken an introductory diving course once. と伝えましょう。

⓭ I'm not familiar with American sizes. My foot size is 25 centimeters.

相手：What size feet?
身長などは現地の単位で言えるようにしておくと便利です。

⓮ Is this the line for the Ferris wheel?

「行列」は line を使います。「これは〜の列ですか」と聞くなら Is this the line for 〜? とします。「列に並ぶ」は wait in line。

トレッキングツアーに参加。
上り坂が続いて，息が苦しい。

 高い所からの景色に感動！
ガイドさんに一言。

**ちょっと休憩させて
もらえませんか？**

すごい見晴らしですね！

answers on next page

 1日お世話になった
ガイドさんにお礼を。

**今日は1日，
ありがとうございました！**

観光

155

⓯ Can we take a short break?

「休憩する」は take a break で表します。

⓰ What a view!

I've never seen such a beautiful view. (こんな素晴らしい景色は今までに見たことがありません) などと伝えてもいいですね。

⓱ Thank you for a wonderful day.

英語ではこのように「素晴らしい1日をありがとう」などと言うのが一般的です。また，Thank you for everything. (いろいろとしてくれてありがとう) も，お世話になった人に対して別れ際に言う定番のあいさつです。

Additional Exercises これも言ってみよう

❶ ツアーの担当者に
電話で聞いてみよう。

> **ホテルまで車で迎えに来て
> もらえるんですか?**

❷ このツアーは夜8時
解散と書いてあるけど…。

> **このツアーには夕食は
> ついているんですか?**

❸ 市内を2階建てバスで
回るツアーに参加したい。

> **バスツアーに申し込み
> たいんですが。**

❹ ツアーの待ち合わせ場所。
もしかしてこの人がガイドさんかな?

> **ABCツアーの方ですか?**

❺ これからツアーの自由行動タイム。
集合時間を確認しておこう。

> **何時までに戻ってくれば
> いいんですか?**

❻ 不注意で、すねをすりむいてしまった。
一応、ガイドさんに報告。

> **足をけがしてしまったんですが,
> ばんそうこうありませんか?**

観光

Additional Exercises これも言ってみよう

❶ Will you be picking us up at the hotel?

「車で迎えに行く」という意味の pick up を使います。Will you pick 〜? だと直接的な依頼に響くので，未来進行形 Will you be 〜ing? を使います。

❷ Does this tour include dinner?

「含む」という意味の動詞 include を使って尋ねることができます。Does this tour come with dinner? という尋ね方もあります。

❸ I'd like to sign up for the bus tour.

「〜に申し込む」という意味の sign up for 〜 を使いましょう。

❹ Are you with the ABC tour?

この with は「〜に所属している」といった意味を表します。

❺ What time should we be back here?

「戻ってくる」は be back で表すことができます。

❻ I hurt my leg. Do you have a Band-Aid?

「痛める，傷つける」という意味の動詞 hurt を使いましょう。「足に靴ずれができてしまいました」なら I've got a blister on my foot，「足首をくじいてしまいました」なら I sprained my ankle. となります。

出会い・交流

Talking with Other Tourists

answers on next page

CD Track 17

旅先で知り合った人と，お天気などのちょっとした話をしたり，帰国後の連絡先を交換したりするときのやりとりです。

❶ ツアー参加者はこのご夫婦と
自分だけ。沈黙は気まずいな…。

❷ バックパッカーの彼は，世界中を
旅して回っているという。

すごくいいお天気ですねー。

ここの次は，どこに行く
予定なんですか？

出会い・交流

❶ The weather is beautiful.

Hi. Nice to meet you. や How are you doing? に続ける無難な会話として便利なのがお天気の話。「あいにくのお天気ですね」なら Too bad it's raining. (雨の場合) / Too bad it's cloudy. (くもりの場合) などと言います。

❷ Where are you going to go next?

「〜するつもりだ」のように，予定について話すときには，will ではなく be going to を使うのが基本です。

質問・自己紹介のやりとり　　　Basic Expressions

☐ ところで，私はタケシといいます。　　**By the way, I'm Takeshi.**

☐ どちらのご出身ですか。　　**May I ask where you're from?**

　─日本です。　　**─ I'm from Japan.**

☐ 職業は？　　**What do you do?**

　─コンピューター会社に勤めています。

　　　　　　　　　　─ I work at a computer company.

　─学生です。　　**─ I'm a student.**

　─退職しています。　　**─ I'm retired.**

3

こちらにはお仕事で来てるん
ですか？ と聞かれた。

いいえ，旅行で来てるんですよ。

4

飛行機で隣になった人も，
同じ都市を観光した帰りらしい。

どのへんを回ったんですか？

answers on next page

5

自分と似たコースを回ったみたいだ。
隣の人の感想はどうかな？

**いちばんよかった場所は
どこでした？**

6

長距離電車で仲良くなった人と，
いっしょに晩ご飯を食べよう。

**よかったら，晩ご飯，どこかで
いっしょに食べませんか？**

出会い・交流

❸ No, I'm here on vacation.

相手：Are you here on business?
その場所を何の目的で訪れているのか，説明できる
ようにしておきましょう。「旅行で」なら on
vacation，「仕事で」なら on business です。

❹ What places did you visit?

往路の会話で「どのへんを回るつもりですか」と尋
ねるなら What places are you going to visit? と
なります。

❺ What did you like best?

このように聞かれたら，I really liked 〜.（〜がすご
くよかった），〜 was beautiful.（〜が美しかった）
のように答えましょう。

❻ Would you like to have dinner together somewhere?

Would you like to 〜? を使うと，「よかったら〜し
ませんか？」という感じの，丁寧な提案ができます。

7 年齢を聞かれた。海外だとなぜか
若く見られるんだけど…。

いくつに見えます？

8 そろそろ帰る時間だけど，
帰国してからも連絡を取りたい。

メールアドレスを
聞いてもいいですか？

answers on next page

9 メールアドレス，「M」と言ってる
のに「N?」「F?」と言われる。

Mouse の M です。

10 もし日本に来ることがあれば，
親切にしてくれたお礼をしよう。

日本に来たときは
遊びにきてくださいね。

出会い・交流

❼ How old do you think I look?

相手：So, how old are you?
主語を I にして，「～に見える」という意味の動詞
look を使いましょう。

❽ Can I ask your e-mail address?

Can I ask your name? や Can I ask your phone
number? のように応用できます。英語では，携帯
電話の「メール」は text といい，パソコンのメール
(e-mail) と区別して呼ばれます。

❾ M as in Mouse.

F as in friend や N as in Nancy など，相手に通じ
る簡単な単語であれば何でも OK です。ちなみにメ
ールアドレスの @ は at，ドット（.）は dot と読む
のが一般的です。

❿ Please visit me if you ever come to Japan.

if you ever come to Japan のように ever を使う
ことで，「日本に来るようなことがあれば，いつで
も」というニュアンスが出ます。

⑪ バーで知り合った人たちと盛り
上がって，遅くなってしまった。

⑫ 別れ際に一言。

あ，もう行かなきゃ！

お会いできて楽しかったです。

answers on next page

Additional Exercises これも言ってみよう

❶ 今日知り合った，他国からの
観光客と意気投合。

**明日，いっしょに市内を
観光しませんか？**

❷ 仲良くなった人との
別れ際に。

**日本に帰ったら
メールしますね。**

❸ 観光地で知り合った
外国人の老夫婦に質問。

**旅行にはよくごいっしょに
行かれるんですか？**

出会い・交流

⑪ Oh no, I'd better go.

I'd better 〜. は I had better 〜. を短縮した形で，「〜しなきゃ（さもないと困ったことになる）」という意味で使います。I have to go. でも OK。

⑫ It was nice meeting you.

初対面の人と仲良くなったあとで，別れ際に使うあいさつです。ちょっとしゃべっただけであれば，meet ではなく talk を使って It was nice talking to you. と言うのが自然です。

Additional Exercises これも言ってみよう

❶ Would you like to go sightseeing around town together tomorrow?

「市内を観光する」は go sightseeing around town と表現できます。よりカジュアルに，Do you want to go sightseeing around town together tomorrow? とも言えます。

❷ I'll e-mail you when I get back to Japan.

e-mail は「メールする」という日本語と同じような感覚で，動詞として使うことができます。

❸ Do you travel a lot together?

「ふだん〜する」という意味を表す現在形で尋ねましょう。「よく〜する」の「よく」は a lot で表すことができます。

超定番！

会話に役立つ基本文型のまとめ

　この本で何度も出てきた重要な文型をピックアップしました。どれも会話でよく使われる定番の基本文型です。いろいろな場面で使えるように，しっかりと自分のものにしておきましょう。

Can I ～？で言える表現

「(私は) ～できますか」のように可能かどうか尋ねたり，「～してもいいですか」のように許可を求めたりするときに使う文型です。

☐ これは機内に持ち込めますか？▶ **Can I carry this onto the plane?** (p.26)

☐ このカードで乗れますか？▶ **Can I use this card?** (p.50)

☐ Old Town には路面電車で行けますか？
　▶ **Can I take the trolley to the Old Town?** (p.56)

☐ 歩ける距離ですか？▶ **Can I walk there?** (p.60)

☐ 空港に乗り捨てすることは可能ですか？
　▶ **Can I drop off this car at the airport?** (p.64)

☐ 迎えに来てもらえますか？▶ **Can I get a pickup, please?** (p.70)

☐ ここで貴重品を預かってもらうことってできますか？
　▶ **Can I check my valuables here?** (p.76)

☐ 注文いいですか？▶ **Can I order, please?** (p.98)

☐ これ，持ち帰りにすることってできますか？▶ **Can I take this home?** (p.104)

☐ これ，ちょっと見せてもらってもいいですか？▶ **Can I take a look at this?** (p.110)

☐ これ，試着してもいいですか？▶ **Can I try this on?** (p.114)

☐ 2 段目の，右から 3 つ目のやつを見せてもらえますか？
　▶ **Can I see the third one from the right, on the second row?** (p.116)

☐ この割引券，使えますか？▶ **Can I use this coupon?** (p.122)

☐ これ，試食できますか？▶ **Can I try this?** (p.122)

☐ これ，もらっていいですか？▶ **Can I take this?** (p.124)

☐ このチケットで特別展も見られますか？
　▶ **Can I see the special exhibition with this ticket?** (p.138)

☐ フラッシュをたかなければ写真を撮ってもいいですか？
　▶ **Can I take a picture if I don't use my flash?** (p.138)

Can I have 〜？で言える表現

「〜をもらえますか」という意味で，店員に注文するときなどによく使われる表現です。

□ 大人 2 枚ください。▶ **Can I have two adult tickets?** (p.134)

□ 6 時からの回を，大人 2 枚ください。

　　▶ **Can I have two adult tickets for the six o'clock show?** (p.146)

□ これ，サイズが合わないんですけど，変えてもらえますか？

　　▶ **Can I have a different size? This doesn't fit well.** (p.154)

Can you 〜？で言える表現

「〜してくれますか」という意味です。店員などに簡単なお願いをするときに使われる言い方です。気軽でフレンドリーな響きがあり，丁寧な依頼のしかたではありません。

□ これ，かたづけてもらえますか？▶ **Can you take this away?** (p.18)

□ マイレージつけてもらえます？▶ **Can you add on the mileage points?** (p.26)

□ トランク開けてもらえますか？▶ **Can you open the trunk?** (p.36)

□ あの信号の手前で止めてもらえます？

　　▶ **Can you pull over in front of that traffic light?** (p.38)

□ タクシーを呼んでもらえますか？▶ **Can you call a taxi for me, please?** (p.40)

□ 温めていただけますか？▶ **Can you heat it up?** (p.88)

□ 贈り物用に包んでもらえますか？▶ **Can you gift-wrap it?** (p.118)

□ 1 ドル札を 20 枚，入れてもらえますか？

　　▶ **Can you include twenty one-dollar bills?** (p.132)

Could you 〜？で言える表現

「〜していただけますか」といった感じの丁寧な依頼表現です。店員などにちょっと無理なお願いをするときや，店員ではない他の旅行者にお願いをするときなどは，この表現を使いましょう。

□ 別の便に振り替えていただくことってできますか？

　　▶ **Could you put me on another flight?** (p.26)

□ ちょっと手を貸していただいてもいいですか？

　　▶ **Could you give me a hand, please?** (p.36)

□ ボタンを押してくれませんか？

　▶ **Could you press the button for me, please?** (p.50)

□ これ，くずしていただけますか？ ▶ **Could you break this?** (p.52)

□ 3時まで荷物を預かってもらえませんか？

　▶ **Could you keep my luggage until three?** (p.72)

□ 部屋を見せてもらえますか？ ▶ **Could you show me the room?** (p.84)

□ 部屋を変えてもらえませんか？ ▶ **Could you change my room, please?** (p.84)

□ バスタオルを2枚，持ってきてくれませんか？

　▶ **Could you bring me two bath towels, please?** (p.84)

□ 別々に包んでもらうことってできますか？

　▶ **Could you wrap those separately?** (p.118)

□ すみませんが，少し静かにしていただけますか？

　▶ **Excuse me, but could you keep it down, please?** (p.144)

□ 写真を撮っていただけませんか？

　▶ **Could you please take our picture?** (p.150)

□ 後ろの教会も入れて撮ってもらえますか？

　▶ **Could you please include the church in the back?** (p.150)

Could you tell me ～？ で言える表現

「～を教えていただけますか」と，丁寧に頼むときの言い方です。tell me のあとには what, how などの疑問詞が続くことが多く，疑問詞のあとは〈主語＋動詞〉または〈to ＋動詞の原形〉の語順になります。

□ 今なんて言ったのか，教えていただけますか？

　▶ **Could you tell me what he just said?** (p.22)

□ タクシー乗り場って，どちらでしょうか？

　▶ **Could you tell me where the taxi stand is?** (p.34)

□ Queens Station にはどう行けばいいですか？

　▶ **Could you tell me how to get to Queens Station?** (p.44)

□ 今どの辺を走ってるのか教えてもらえますか？

　▶ **Could you tell me where we are right now?** (p.50)

□ 42nd Street に着いたら教えてもらえませんか？

▸ **Could you tell me when we get to 42nd Street?** (p.50)

□ 歴史博物館への行き方を教えてもらえませんか？

▸ **Could you tell me how to get to the History Museum?** (p.54)

□ 今ガイドさんがなんて言ったか教えていただけますか？

▸ **Could you tell me what the guide just said?** (p.148)

Do you 〜？で言える表現

「（ふだん）〜しますか」という意味ですが，お店などがサービスをしているかどうかを尋ねるときにも使われます。

□ サイズ直しってしてもらえるんですか？ ▸ **Do you do alterations?** (p.116)

□ バスの1日券は売っていますか？ ▸ **Do you sell one-day bus tickets?** (p.128)

□ トラベラーズチェックの換金はできますか？

▸ **Do you exchange traveler's checks?** (p.130)

□ 旅行にはよくごいっしょに行かれるんですか？

▸ **Do you travel a lot together?** (p.166)

Do you have 〜？で言える表現

「〜を持っていますか」という意味ですが，お店などで「〜はありますか」と尋ねるときの定番表現です。

□ 日本の新聞はありますか？ ▸ **Do you have a Japanese newspaper?** (p.20)

□ 1日乗り放題の券ってあるんですか？

▸ **Do you have one-day unlimited-ride tickets?** (p.42)

□ 今日なんですが，ツイン1部屋，空いてますか？

▸ **Do you have a twin room available for tonight?** (p.68)

□ 海が見える部屋は空いてますか？

▸ **Do you have a room with an ocean view?** (p.70)

□ コンセントのアダプターってお借りできますか？

▶ **Do you have an outlet adapter?** (p.78)

□ レイトチェックアウトはできますか？▶ **Do you have late check-out?** (p.80)

□ ドライヤーありますか？▶ **Do you have a hair dryer?** (p.84)

□ ３人なんですけど…。▶ **Do you have a table for three?** (p.92)

□ これの小さいサイズってありますか？

　　▶ **Do you have this in a smaller size?** (p.114)

□ これの色違いってありますか？

　　▶ **Do you have this in a different color?** (p.122)

□ レストランの割引券ってありますか？

　　▶ **Do you have any discount coupons for restaurants?** (p.126)

□ 学割はありますか？▶ **Do you have student discounts?** (p.134)

□ 日本語のパンフレットはありますか？

　　▶ **Do you have a Japanese brochure?** (p.138)

□ ガイド付きのツアーはありますか？▶ **Do you have guided tours?** (p.138)

□ 今夜のチケットはまだありますか？

　　▶ **Do you still have tickets for tonight's show?** (p.140)

□ 今日の試合の当日券はありますか？

　　▶ **Do you have tickets for today's game?** (p.144)

□ 足をけがしてしまったんですが，ばんそうこうありませんか？

　　▶ **I hurt my leg. Do you have a Band-Aid?** (p.158)

Do you know 〜 ？で言える表現

「〜を知っていますか」という意味ですが，「（知っていたら）教えてもらえますか」という意味合いでよくつかわれます。know のあとには what, how などの疑問詞が続くことが多く，疑問詞のあとは〈主語＋動詞〉または〈to ＋動詞の原形〉の語順になります。

□ 42nd Street に行きたいんですが，どのバスに乗ればいいですか？

　　▶ **Do you know which bus goes to 42nd Street?** (p.48)

□ 3rd Avenue はどちらの方向でしょうか？

　　▶ **Do you know which way 3rd Avenue is?** (p.56)

□ このレストラン，どこにあるかご存じですか？

　▶ **Do you know where this restaurant is?** (p.58)

□ このへんで，両替できる所をご存じですか？

　▶ **Do you know where I can exchange money?** (p.126)

□ ABC シアターでは今何をやっているかわかりますか？

　▶ **Do you know what they're playing at ABC Theater right now?** (p.128)

I'd like to 〜 .で言える表現

I would like to 〜 .を短縮した言い方で，「〜したいのですが」のように自分の希望を控えめに伝える言い方です。

□ 1 個，預けます。▶ **I'd like to check one item.** (p.24)

□ リコンファームしたいんですが。▶ **I'd like to reconfirm my flight.** (p.28)

□ ここに行きたいんですが。▶ **I'd like to go here.** (p.34)

□ この切符，今日から使いたいのですが。

　▶ **I'd like to use this ticket starting today.** (p.46)

□ 書類をプリントアウトしたいのですが…。

　▶ **I'd like to print out a document.** (p.78)

□ もう 1 泊，延長したいんですが。

　▶ **I'd like to extend my stay one night.** (p.82)

□ チェックアウトしたいんですが，荷物を運んでもらえますか？

　▶ **I'd like to check out. Can I get help with my luggage?** (p.82)

□ チェックアウトお願いします。▶ **I'd like to check out, please.** (p.82)

□ 今夜 8 時から 2 名で予約したいんですが。

　▶ **I'd like to reserve a table for two for 8 p.m. tonight.** (p.94)

□ ちょっと考えさせてください。▶ **I'd like to think about it.** (p.116)

□ カードで払いたいんですが…。▶ **I'd like to pay with my credit card.** (p.118)

□ 円をドルに両替したいんですが。

　▶ **I'd like to change yen into dollars.** (p.130)

□ 日本にこの絵はがきを出したいんですが。

　▶ **I'd like to send this postcard to Japan.** (p.132)

□ ビーチパラソルのレンタルをお願いしたいんですけど。

▶ **I'd like to rent a beach parasol.** (p.152)

□ バスツアーに申し込みたいんですが。

▶ **I'd like to sign up for the bus tour.** (p.158)

Is there 〜 ？で言える表現

「〜はありますか」という意味で，存在するかどうかを尋ねるときの言い方です。

□ 日本語の話せる人はいませんか？

Is there somebody who can speak Japanese? (p.30)

□ このへんにインターネットカフェってありますか？

Is there an Internet cafe around here? (p.54)

□ 部屋でインターネットはできますか？

Is there Internet connection in the room? (p.72)

□ このへんに24時間営業の食品店はありますか？

Is there a 24-hour food store near here? (p.76)

□ 服装規定はありますか？ **Is there a dress code?** (p.108)

□ どこか預かってもらえる所はありますか？

Is there any place I can leave it? (p.144)

□ 途中で休憩はありますか？ **Is there an intermission?** (p.146)

| 著　者 | Nobu Yamada |
| | 1980年アメリカ合衆国ニュージャージー州生まれ。英語・日本語のバイリンガルとして，英語教室 Beam International を主宰。「世界に通用するバイリンガルを育てること」をミッションに，英語に初めて触れる小学生から，ハーバードへの MBA 留学をめざす社会人までを対象に幅広く英語を指導。TOEIC 満点，国連英検特 A 級，英検 1 級。http://www.beam-international.net |

| イラスト | Kajio |
| | 1973年神奈川県生まれ。1999年第57回手塚賞にて佳作入選，同年漫画家デビュー。2003年，『週刊少年ジャンプ』で『TATTOO HEARTS』を連載（加治佐修名義）。その後，手描き・切り絵などのアナログ作品からデジタル作品まで幅広く手がけるイラストレーターとして活動。モットーは「ストーリーがにじみ出るようなイラスト！」。http://www.kajio.com |

| 編集協力 | 今居美月，敦賀亜希子，宮崎史子，小縣宏行，岡野真実，延谷朋実 |

| CD 録音 | （財）英語教育協議会（ELEC） |

| ナレーション | Josh Keller，Carolyn Miller |

| DTP | （株）明昌堂 |

絵で見てパッと言う英会話トレーニング　海外旅行編

新① 　データ管理コード23-2031-1474（CS5／2022）